Conversa sobre a poesia
Friedrich Schlegel

Fragmentos da Athenäum
August Wilhelm Schlegel

Conversa sobre a poesia
Friedrich Schlegel

Fragmentos da Athenäum
August Wilhelm Schlegel

Tradução, apresentação e notas
Constantino Luz de Medeiros

Relicário

APRESENTAÇÃO
7 **O romantismo revolucionário**
   Constantino Luz de Medeiros

17 **Conversa sobre a poesia**
   Friedrich Schlegel

19 **Prólogo**
29 **Épocas da arte poética**
57 **Discurso sobre a mitologia**
75 **Carta sobre o romance**
91 **Ensaio sobre a diferença de estilo entre as obras da juventude e da maturidade de Goethe**

109 **Fragmentos da Athenäum**
    August Wilhelm Schlegel

APRESENTAÇÃO

O romantismo revolucionário

Constantino Luz de Medeiros
UFMG

Em sua filosofia da crítica e da caracterização literária, Schlegel afirma que é preciso compreender todos os âmbitos de uma obra, observar com disposição filosófica, filológica e divinatória a letra e o espírito do texto, de modo a contemplar algo que entrecruza ambos os lados, estabelecendo o ideal que a obra se propusera a concretizar. Muitas obras acabaram por alcançar um ideal diferente daquele que seu autor primeiramente vislumbrara, como é o caso de *Os anos de aprendizado de Wilhelm Meister*, de Goethe, a qual, segundo Schlegel, principia como romance de aventuras, mas, por fim, acaba por inaugurar um novo gênero, o romance de formação, *Bildungsroman*.[1]

De certo modo, como outras obras do jovem romântico, *Conversa sobre a poesia* é um desses escritos que desde sua publicação, em 1800, tem suscitado as mais diversas apreciações críticas, principalmente por revelar toda a

---

1. GOETHE, Johann Wolfgang. *Os anos de aprendizado de Wilhelm Meister*. Tradução de Nicolino Simone Neto. São Paulo: Editora 34, 2009.

dimensão revolucionária do pequeno grupo de pensadoras e pensadores que ficou conhecido como primeiro romantismo alemão. Através da representação artístico-literária do encontro inusitado de personalidades tão distintas como Friedrich von Hardenberg (Novalis), Caroline Böhmer, F. W. J. Schelling, Ludwig Tieck, Dorothea Veit, assim como os irmãos Friedrich e August Wilhelm Schlegel, a obra emula a atmosfera instigante da residência de August Wilhelm e Caroline, entre os anos de 1796 e 1800, na pequena cidade de Iena, não muito distante de Berlim, então um dos principais centros do pensamento iluminista.

Revelados nas linhas do romance de Schlegel encontram-se, ainda que de forma indireta, e, por vezes, enigmática, certos traços do que seriam as condições essenciais da modernidade literária: a ruptura com os principais postulados da poética clássica (por isso a mistura de gêneros e formas literárias é tão comum entre os românticos), e com a crítica dogmática e normativa que até então era realizada; a aproximação entre a arte dos antigos e a dos modernos (e a compreensão de suas principais leis); e a necessidade de se realizar uma verdadeira revolução estético-sentimental. Essa espécie de romance-manifesto em forma de diálogos e preleções sobre a poesia, a mitologia, a doutrina da arte e a doutrina da vida; essa conversa entre amantes da poesia se insere igualmente na tradição dos diálogos platônicos, das defesas da poesia e dos encômios às belas letras, à formação e ao cultivo do indivíduo em sociedade. Para esses jovens pensadores, o ato de criar e refletir em conjunto sobre problemas estético-literários indicava uma nova fase da crítica e da criação literárias, para a qual a literatura de seu tempo apenas apontava. A força estética de suas concepções artístico-literárias foi apontada por diversos teóricos da época contemporânea, como Octavio Paz e Tzvetan Todorov, os quais revelam em seus escritos toda a dimensão revolucionária e inovadora que a ideia de criação coletiva possuía entre os românticos de Iena. Em *Os filhos do barro* (1984), Octavio Paz fundamenta a modernidade literária no primeiro romantismo alemão, e reconhece o grande legado deixado pelos românticos para a constituição da teoria e da crítica de literatura modernas. Do mesmo modo, Tzvetan Todorov, em *Teorias do símbolo* (2013) afirma que os românticos de Iena não apenas sonharam em sintetizar ideias e conceitos (e até mesmo indivíduos), mas foram capazes de concretizar essa ideia em seus escritos e fragmentos.[2] Essa ideia de que seria possível aproximar duas almas em um só corpo, dois autores em uma só obra, é retomada por Schlegel em alguns fragmentos, e tem relação com algo que permeia toda a filosofia do primeiro romantismo alemão: a questão da unidade.

O fio condutor de *Conversa sobre a poesia* é exatamente o conceito de unidade, aspecto central para a compreensão de qualquer conceito ou ideia dos românticos alemães. Unidade entre o antigo e o moderno, entre poesia e filosofia, entre arte e vida, entre as mais diversas, variadas e multifacetadas formas de manifestação do espírito humano. Unidade entre o espírito e a natureza (que mais tarde se torna ponto central da filosofia de Schelling); unidade entre o condicionado e o Absoluto.

A leitura atenta do romance de Schlegel revela um pensador, um crítico, um teórico e um historiador de

---

2. PAZ, Octavio. *Os filhos do barro*. Tradução de Olga Savary. Rio de Janeiro: Nova Fronteira, 1984.
TODOROV, Tzvetan. *Teorias do símbolo*. Tradução de Roberto Leal Ferreira. São Paulo: Editora Unesp, 2013.

literatura muito preocupado em compreender e discutir os fenômenos literários não apenas em sua relação com a biografia dos autores, mas em determinar como, em uma obra, os aspectos intrínsecos e extrínsecos se interpenetram em constante relação com o mundo histórico-social. Essa forma inovadora de leitura crítico-literária realizada pelos irmãos Schlegel pode ser encontrada em diversos fragmentos e ensaios críticos do primeiro romantismo alemão. O modo como Friedrich e August Wilhelm Schlegel compreendiam o estudo de literatura preconizava a aproximação entre teoria, crítica e história da literatura, em um enfoque ao mesmo tempo estético e histórico, como se pode perceber em alguns trechos de *Conversa sobre a poesia*.

Emulando um encontro divertido entre amigos que têm como prazer comum a fruição literária, o romance pode ser compreendido como um convite ao leitor para percorrer a história da literatura e perceber as antinomias e aproximações entre as épocas, obras, autores, observando a diferença entre o antigo e o moderno, cujas bases haviam sido lançadas por pensadores como Vico, Herder, Winckelmann, Lessing, Schiller, Moritz e Goethe.

Schlegel parte do princípio de que a história da literatura deve ser concebida em termos de uma dialética histórico-estética, ou, em outras palavras, enquanto processo histórico cujo desenvolvimento encontra-se no fundamento de todo fenômeno da arte literária. É por essa razão que, em muitos fragmentos, Schlegel afirma que cada fenômeno literário contém em si a sua própria história. Esse modo de conceber a literatura enquanto resultado de forças sócio-históricas é perceptível no trecho de *Conversa sobre a poesia* intitulado *Épocas da arte poética*, onde o crítico indica de forma contundente que a história da literatura não deve ser compreendida como uma estrutura enrijecida, mas como um processo dinâmico, no qual inclusive aquele que lê, o sujeito cognoscente, contribui com a criação de sentido do texto (talvez tenha sido a constatação do aspecto singular e inovador dessa leitura histórica da literatura que aproximou Hans Robert Jauss dos românticos de Iena).

Mas se antecessores de Schlegel, como Johann Joachim Winckelmann, demonstraram a necessidade de se observar a incomensurável distância que separava a arte dos antigos e a dos modernos, por outro lado, a visão de Winckelmann sobre a arte grega como modelo único e insuperável de arte, como cânone para todas as épocas e povos, portava um paradoxo muito difícil de superar. Para contornar esse problema lançado por Winckelmann – de se observar a arte dos antigos historicamente, mas ao mesmo tempo transformá-la em modelo a-histórico e atemporal – Schlegel postula sua teoria sobre o antigo e o moderno, ou o clássico e o romântico.

Nessa concepção artística, a arte romântica principia muito antes do século XVIII, ainda no Renascimento italiano, no poema magistral de Dante Alighieri, nas novelas de Giovanni Boccaccio, e nas obras de Tasso, Petrarca, Ariosto, percorrendo essa primeira fase até desaguar no que, em *Épocas da arte poética*, o citado trecho de *Conversa sobre a poesia*, se constitui como o verdadeiro centro da arte romântica: a fantasia dos dramas de William Shakespeare e o romance de Miguel de Cervantes. A arte romântica ou moderna é aquela que, de acordo com o crítico, é capaz de revelar e representar artisticamente a síntese absoluta entre o antigo e o moderno, problematizando a complexa multiplicidade do sujeito moderno sem, todavia, distanciar-se da antiga fórmula grega de representar (ou apresentar artisticamente) mesmo a experiência mais histórica e individual de forma objetiva.³

Em síntese, essa é a revolução literária proposta pelos românticos. Por um lado, a postulação de uma nova maneira de leitura do texto literário, a qual permanece ainda muito atual e, por outro lado, uma teoria da criação literária que enfatizava a necessidade de se misturar e aproximar o espírito dos antigos à complexidade dos modernos, o clássico e o romântico (para Schlegel, Goethe era o exemplo perfeito dessa aproximação), nas criações mais engenhosas e fantasiosas, como os romances do amigo de Schlegel, Jean Paul, demonstravam ser possível. Aliás, a menção às obras de Jean Paul, pseudônimo de Friedrich Richter, surge em alguns trechos de *Conversa sobre a poesia* como exemplo de engenhosidade doentia e de fantasia romântica em seu mais alto grau.

Se a revolução estético-literária romântica que se pode contemplar em *Conversa sobre a poesia* prepara o terreno para a moderna ciência da literatura, ela também lhe oferece as bases objetivas para o estudo aprofundado sobre as épocas da literatura, seus fenômenos, tanto em chave sincrônica quanto diacrônica. Através desses estudos, os irmãos Schlegel alçaram o conceito de romântico ao nível universal. Ainda que Goethe tenha sido um dos primeiros a lançar a antinomia entre o clássico e o romântico, as palestras de August Wilhelm Schlegel, e a divulgação das ideias dos Schlegel nos escritos de Madame de Staël contribuíram para a ampla difusão dessa questão. A geração do primeiro romantismo alemão criou novas formas de se pensar a literatura, a criação e a

---

3. Sobre esse assunto, ver: MEDEIROS, Constantino Luz. *A invenção da modernidade literária. Friedrich Schlegel e o romantismo alemão*. São Paulo: Iluminuras, 2018.

crítica literárias. Ao mesmo tempo, esses jovens pensadores preconizaram importantes rupturas com a tradição clássica, desencadeando um processo que iria desaguar na crítica, na teoria e na história literária modernas.

Todavia, a atuação inovadora dos românticos no âmbito literário não deve ser compreendida como algo apartado de suas preocupações com as questões de seu tempo, pois esses estudiosos contemplavam a arte e a vida como diferentes manifestações de uma mesma unidade. Nesse sentido, em um de seus fragmentos, Friedrich von Hardenberg, o Novalis, afirma: "Estamos em uma missão. Para a formação da terra fomos chamados. Se um espírito nos aparecesse, então nos apoderaríamos prontamente de nossa própria espiritualidade, seríamos inspirados por nós e pelo espírito ao mesmo tempo".[4] De certo modo, a concepção romântica de formação, *Bildung*, reflete essa visão de Novalis sobre a inspiração que acomete o indivíduo perante a beleza do universo e do mundo. Expandindo essa noção – utilizada pelos teóricos do Iluminismo para denotar a formação, a cultura, o desenvolvimento humano, mas que acaba sendo utilizada apenas como uma espécie de formação instrumental das classes burguesas para o trabalho e a vida em sociedade – os românticos de Iena propõem uma noção de *Bildung* que abarca igualmente a formação estético-sentimental do indivíduo. A geração de Schlegel demonstra em seus escritos que a formação deve abranger a doutrina da arte e da vida, a solidariedade, o desejo de contribuir para a melhoria da sociedade, e de democratizar (ou romantizar, no dialeto romântico) todas as formas de cultura.

---

4. HARDENBERG, Friedrich von (Novalis). *Pólen: fragmentos, diálogos, monólogo*. Tradução apresentação e notas de Rubens Rodrigues Torres Filho. São Paulo: Iluminuras, 2009, p. 57, fragmento 32.

Com vistas a essa formação estético-sentimental, os românticos buscam a criação e a reflexão filosófica em conjunto, de forma dialética e harmônica, e cunham para essas ações os termos *simpoesia* e *sinfilosofia*. Inspirados na *Doutrina-da-Ciência*, de Johann Gottlieb Fichte, os irmãos Schlegel, Novalis, Caroline, Dorothea, Tieck, Schleiermacher, Schelling, Hölderlin, assim como diversas outras personalidades que transitam por essa verdadeira constelação romântica propõem, de acordo com as ideias de Fichte, que o indivíduo deve atuar para o desenvolvimento de toda a sociedade. A complexidade do conceito de *Bildung* no contexto do primeiro romantismo alemão, assim como sua aplicação e efetividade devem ser observados em termos de uma nova filosofia da arte e da vida, que surge em *Conversa sobre a poesia* como um verdadeiro manifesto no trecho intitulado *Discurso sobre a mitologia*. Nele, a personagem de Ludovico, que segundo a tradição crítica dessa obra representaria o próprio Schelling, desenvolve uma série de ideias sobre como deveria ser o fundamento da humanidade a partir de sua época, levando em consideração o papel da antiga mitologia na vida das sociedades greco-romanas. Assim, Ludovico afirma que do mesmo modo como a mitologia teve um papel central nas existências dos homens, nas instituições e mesmo no modo de contemplar a arte, a nova mitologia deverá surgir a partir da filosofia do Idealismo alemão, proporcionando ao homem uma base, um fundamento no qual suas criações e reflexões poéticas e filosóficas poderiam se apoiar. O vazio existencial e a crise do sujeito moderno (que ali apenas se insinua), seriam consequências da ausência de uma mitologia, um centro organizador para a vida, nas sociedades modernas.

Buscando um fundamento norteador para as ações humanas e para o seu desenvolvimento, esse trecho é sintomático daquilo que, para os românticos, o conceito de formação deveria abarcar. Os jovens românticos compreendiam a *Bildung* de um modo muito mais abrangente e sensível do que o Iluminismo o entendera. Sua principal crítica à formação instrumental das classes burguesas encontrava-se exatamente no problema da violência incontrolável e desmesurada que ocorrera após a Revolução Francesa, pois ali ficara demonstrado que a sociedade não estava preparada para as reformas necessárias. Estava claro que uma revolução estético-sentimental e educacional precisava acontecer, mas de um modo que atingisse não apenas o âmbito da razão, mas do sentimento humanos. Através dos ensinamentos de Fichte e de Schiller, a geração dos irmãos Schlegel descobre que a formação do homem deve abranger o desenvolvimento da razão, assim como o despertar da sensibilidade estético-sentimental, para que o indivíduo seja capaz não somente de "ousar conhecer", como explicita a famosa divisa de Kant, mas também "ousar sentir e amar".[5]

É sob a inspiração dessa busca que nasce o romance *Conversa sobre a poesia*, e todas as suas partes são estruturadas de acordo com essa concepção revolucionária dos românticos alemães. As *Épocas da arte poética*, que abrem o escrito, revelam uma nova forma de se estudar a literatura, muito inovadora para a época, como foi dito anteriormente. O *Discurso sobre a mitologia* busca fundamentar a arte e a vida dos modernos em bases místico-filosóficas, como a antiga mitologia dos gregos. A *Carta sobre o romance* revela toda a potencialidade da teoria do romance de Schlegel,

---

5. KANT, Immanuel. *Was ist Aufklärung?* Hamburg: Felix Meiner, 1999.

discutindo o que o crítico compreende por arte romântica e, por fim, o *Ensaio sobre a diferença de estilo entre as obras da juventude e da maturidade de Goethe,* que encerra o romance, aborda aquela que seria, para Schlegel, a verdadeira saída para a confusão desordenada de gêneros e formas literárias, e a ausência de objetividade na literatura de seu tempo: a criação literária de Johann Wolfgang Goethe.

Assim como em seu ensaio intitulado *Sobre o estudo da poesia grega,* escrito a partir de 1794, em *Conversa sobre a poesia* o jovem crítico percorre todas as épocas da história da literatura em busca da resposta para os problemas estéticos da literatura de seu tempo. No centro da *Weltanschauung,* da visão de mundo romântica, a arte torna-se um poderoso instrumento de formação estético-sentimental do homem. Embora utópico e (ainda) irrealizável, como muitos dos conceitos e formulações românticos, o ideal revolucionário de formação estético-sentimental de mulheres e homens revelado em *Conversa sobre a poesia* continua algo muito atual e necessário.

Para Rejane e Mariana,
Belo Horizonte, agosto de 2020.

Conversa sobre a poesia*
Friedrich Schlegel

---

* Título original: *Gespräch über die Poesie*.
O ensaio foi publicado originalmente no ano de 1800, na Revista *Athenäum*. A presente tradução utiliza o texto estabelecido por Hans Eichner em 1967. SCHLEGEL, Friedrich. *Gespräch über die Poesie*. In: *Kritische-Friedrich-Schlegel-Ausgabe*. Hans Eichner (Org.) Paderborn: Ferdinand Schöningh, 1967, p. 285-351.

Prólogo

A poesia irmana e une com laços indissolúveis todos aqueles que a amam. Ainda que em suas vidas busquem as coisas mais diferentes, um desprezando o que o outro considera mais sagrado, e que se ignorem por completo, no âmbito da poesia um poder mágico superior os mantém unidos e em paz. Cada musa procura e encontra a outra, e todas as correntes da poesia desaguam juntas no grande mar universal.

A razão é apenas uma e, em todos, a mesma; no entanto, assim como cada indivíduo possui sua própria natureza e seu próprio amor, cada um carrega em si sua própria poesia. Essa poesia acompanhará o indivíduo enquanto ele for ele mesmo, enquanto for original; e nenhuma crítica pode ou deve roubar-lhe sua essência mais própria, sua força mais íntima, para depurá-lo e purificá-lo até alcançar uma imagem comum, sem espírito e sentido, como se esforçam os tolos que não sabem o que querem. Mas a elevada ciência da crítica autêntica deve ensinar-lhe a buscar em si mesmo sua formação, e, antes de tudo, deve ensinar-lhe a captar todas as outras formas autônomas da poesia, em sua força e plenitude clássicas, para que a flor e o fruto de espíritos alheios se convertam em alimento e semente para a sua própria fantasia.[1]

1. O tema da formação (*Bildung*) do indivíduo através da arte e da crítica surge em diversos escritos de Schlegel: "A arte forma, mas ela também é formada; não apenas o que é formado, mas também o próprio criador é

O espírito que conhece as orgias da verdadeira musa jamais trilhará esse caminho até o fim, assim como jamais terá a ilusão de que o percorreu; pois nunca poderá apaziguar o desejo que renasce eternamente da própria abundância da satisfação. O mundo da poesia é incomensurável e inesgotável, assim como o reino da natureza viva é rico em plantas, animais e criações de todo tipo, forma e cor. Mesmo o espírito mais abrangente não abarcará todas as obras artísticas nem os produtos naturais que portam o nome e a forma de poemas. E o que são eles perante a poesia sem forma e consciência que se faz sentir nas plantas, que irradia na luz, que sorri na criança, cintila na flor da juventude e arde no peito amoroso da mulher? Entretanto, esta é a poesia originária, sem a qual certamente não existiria nenhuma poesia das palavras. De fato, todos nós, que somos humanos, jamais teremos outro objeto e outra matéria de toda nossa atividade e alegria do que o poema único da divindade, daquela que somos parte e fruto: a terra. Somos capazes de ouvir a música desse mecanismo infinito, de compreender a beleza desse poema, porque em nós também vive uma parte do poeta, uma fagulha do seu espírito criador, que jamais cessa de arder com força secreta sob as cinzas da insensatez que nós mesmos provocamos.

Não é necessário que alguém se esforce por manter e propagar a poesia, por exemplo, mediante discursos e doutrinas racionais, ou mesmo que pretenda criá-la, inventá-la, apresentá-la e estabelecer-lhe leis punitivas, como tanto o deseja a teoria da arte poética. Assim como o núcleo da terra foi se cobrindo naturalmente de criaturas e vegetação,

um todo orgânico". SCHLEGEL, Friedrich. *Relato sobre as obras poéticas de Giovanni Boccaccio*. Tradução de Constantino Luz de Medeiros. São Paulo: Editora Humanitas – USP, 2015, p. 89.

e assim como a vida surgiu por si mesma das profundezas, e tudo transformou-se em uma plenitude de criaturas que se reproduziam alegremente, do mesmo modo, a poesia floresce por si mesma, a partir da força originária invisível da humanidade, quando o cálido raio de sol divino a alcança e fecunda. Somente as formas e cores podem expressar, em sua atividade infinita, como o homem é formado; por essa razão, só se pode falar de poesia através da poesia.[2]

A visão que cada um tem da poesia é verdadeira e boa, desde que seja ela mesma poesia. Mas assim como a poesia de cada um, justamente por ser própria, deve ser limitada, também a visão que se tem da poesia não pode ser senão limitada. O espírito não pode suportar esse fato, pois, ainda que não tenha consciência disso, ele sabe que nenhum homem é apenas um homem, e que, ao contrário, pode e deve ser toda a humanidade, de um modo simultâneo, real e verdadeiro. Por isso, o homem, na certeza de reencontrar a si mesmo, sai novamente de si para buscar e encontrar o complemento de sua essência mais íntima na profundeza do outro.[3] O jogo da comunicação e da aproximação é a

---

2. Trecho que remete ao fragmento 117 da *Lyceum*: "A poesia apenas pode ser criticada pela poesia. Um juízo artístico que não for ele mesmo uma obra de arte, seja na matéria, como representação da impressão necessária em seu devir, seja através de uma forma bela e um tom liberal no espírito da antiga sátira romana, não tem nenhum direito de cidadania no reino da arte". SCHLEGEL, Friedrich. *Lyceum. Kritische Fragmente*. In: *Kritische Friedrich-Schlegel-Ausgabe*. Paderborn: Ferdinand Schöningh, 1967, volume II, p. 162. (Doravante citado apenas como KA, seguido do volume e a página).
3. Assim como Fichte assevera que o processo infinito do "pensar sobre o pensar" fundamenta-se na liberdade e na atividade do Eu empírico em busca da consonância consigo mesmo, com o mundo (não-Eu) e com o Eu puro, Schlegel parece refletir sobre a possibilidade de uma ação recíproca entre o Eu e o outro. A noção de que, para os românticos, o outro é apenas uma das formas do Eu foi explicitada por Walter Benjamin: "O todo do Eu fichteano, que é oposto ao Não-Eu, à natureza, significa para

atividade e a força da vida: a perfeição absoluta só existe na morte.

É por essa razão que o poeta não pode satisfazer-se apenas em deixar em obras duradouras a expressão de sua poesia própria, tal como ela surgiu e se formou em seu ser. Ele deve ter o desejo de ampliar eternamente sua poesia e sua visão dela, e aproximá-las da mais elevada poesia da terra, unindo, da forma mais precisa, a parte ao grande todo: pois a generalização mortal produz exatamente o efeito oposto.

Ele conseguirá fazer isso quando encontrar o ponto central através da comunicação com aqueles que, a partir de outra perspectiva e de outro modo, também encontrarem esse ponto. O amor precisa ser correspondido. Para o verdadeiro poeta pode ser saudável e instrutivo até mesmo o contato com aqueles que se divertem apenas superficialmente. Ele é um ser sociável.

Sempre considerei muito interessante conversar sobre poesia com poetas e pessoas de inclinação poética. Muitas conversas desse tipo jamais saíram de minha memória, enquanto outras já não sei se pertencem ao reino da fantasia ou da lembrança; muitas coisas são reais, outras imaginárias. Assim também ocorre com a presente conversa, a qual deve contrapor opiniões totalmente diversas, cada uma das quais mostrando, a partir de seu ponto de vista e sob uma nova luz, o espírito infinito da poesia, cuja essência todas elas, seja por esse ou aquele lado, procuram desvendar. O interesse por essa variedade de pontos de vista que observei a princípio em um círculo de amigos, e que havia pensado

Schlegel e para Novalis apenas uma forma inferior entre as infinitas formas de si mesmo". BENJAMIN, Walter. *O conceito de crítica de arte no romantismo alemão*. Tradução de Márcio Seligmann-Silva. São Paulo: Iluminuras, 2011, p. 63.

inicialmente apenas em relação a ele, levou-me à decisão de compartilhar essas observações com todos os que sentem o verdadeiro amor em seu peito, e que estão propensos a se iniciar nos mistérios sagrados da natureza e da poesia em virtude da plenitude de sua vida interior.

***

Amália e Camila acabavam de iniciar uma conversa cada vez mais animada sobre um novo espetáculo teatral, quando dois dos amigos esperados, que chamaremos de Marcus e Antônio, juntaram-se ao grupo com sonoras gargalhadas. Após a chegada dos amigos completava-se o grupo que costumava se reunir na casa de Amália para se dedicar livre e alegremente a seu passatempo comum. Em geral, sem qualquer combinação ou regra preestabelecida, e na maioria das vezes espontaneamente, a poesia acabava sendo o objeto, o motivo e o ponto central desses encontros. Até então, os membros do grupo liam alternadamente em voz alta alguma obra dramática ou de outro gênero, sobre a qual muito se discutia, e muita coisa boa e bela era dita. Logo, porém, todos sentiram em maior ou menor grau que faltava algo a esse tipo de entretenimento. A primeira a atentar para o problema e a buscar um modo de solucioná-lo foi Amália. Em sua opinião, os amigos não conseguiam distinguir com toda clareza a diferença entre seus pontos de vista. Com isso, a comunicação se tornava confusa, silenciando muitos que, de outro modo, poderiam falar. [Amália então sugeriu] que todos, ou por enquanto apenas aqueles com maior disposição, deveriam expor, ou de preferência escrever, do fundo de seu coração, suas ideias sobre a poesia ou sobre alguma parte ou aspecto dela, assim o grupo teria por escrito o que cada um pensava sobre o assunto.

Camila apoiou a amiga animadamente, assim ao menos aconteceria algo novo, para variar das infindáveis leituras. Só então, disse ela, a disputa ficaria realmente acirrada, pois, caso contrário, não haveria esperança de paz perpétua. A proposta agradou os amigos, os quais puseram imediatamente mãos à Obra. Até mesmo Lotário, que normalmente era quem menos falava e discutia, e que muitas vezes permanecia calado durante horas em sua respeitável dignidade, independentemente do que os outros dissessem ou discutissem, parecia ser um dos mais entusiasmados, comprometendo-se, inclusive, a apresentar algo. O interesse foi crescendo conforme transcorriam os trabalhos e preparativos, sendo transformados em verdadeira festa pelas mulheres, até que, por fim, foi marcado o dia em que cada um apresentaria a leitura do que havia preparado. Em razão dessas coisas, todos estavam mais atentos do que o habitual, mas, ainda assim, o tom das conversas permaneceu tão leve e descontraído como de costume.

Camila havia descrito e elogiado com muito entusiasmo uma obra teatral encenada na véspera. Amália, por sua vez, criticou a peça, afirmando que não havia nela o menor traço de arte ou mesmo de entendimento (*Verstand*). A amiga admitiu que isso talvez fosse verdade, "ainda assim", disse ela, "é uma peça bem turbulenta e animada, ou ao menos bons atores poderiam fazer com que o fosse, mas para isso teriam que estar de bom humor". "Se são mesmo bons atores", disse Andrea, com os olhos em seu texto e na porta para ver se não estavam chegando os amigos que faltavam, "se são mesmo bons atores, [repetiu] eles devem se desvencilhar de qualquer forma de humor para poder representar o humor

dos poetas". "Teu bom humor, meu caro", respondeu Amália, "transforma a ti mesmo em um poeta, pois chamar tais dramaturgos de poetas é certamente um poema, e, na verdade, é muito mais grave do que quando os próprios comediantes se autointitulam ou se deixam intitular de artistas".
"Deixa-nos com nosso jeito de ser!", disse Antônio, tomando visivelmente partido de Camila. "Se alguma vez, por um feliz acaso, se desenvolver em meio à massa do vulgo uma centelha de vida, de alegria e espírito, devemos reconhecê-lo, ao invés de repetirmos sempre o quanto o vulgo é vulgar".

"Mas é exatamente isso o que se discute", disse Amália; "na peça de que tratamos não há nada além do que surge por aí todos os dias: um bocado de tolices". E começou a dar exemplos, mas logo lhe pediram para não continuar, pois já havia dado exemplos suficientes do que queria provar.

Camila retrucou que isto não a afetava de modo algum, já que não havia prestado muita atenção aos diálogos e ao modo de falar das personagens na peça. Perguntaram-lhe no que havia prestado atenção, já que não se tratava de uma opereta. "Na aparência exterior", disse ela, "a qual deixei que me tocasse como uma música ligeira". Ela elogiou então uma das atrizes mais encantadoras, descreveu suas maneiras, seu belo figurino, e demonstrou sua admiração pelo fato de se levar tão a sério algo como nosso teatro. Quase tudo nele é, em regra, vulgar; acontece que mesmo na vida onde se está muito mais próximo das coisas, o vulgar quase sempre tem um aspecto romântico e agradável. "Em regra, quase tudo é vulgar", disse Lotário. "Isso é verdade. Com efeito, não deveríamos ir com tanta assiduidade a um lugar onde se pode considerar feliz aquele que não sofra com o aperto, com o mau cheiro e vizinhos desagradáveis.

Certa ocasião, se pediu a um sábio uma inscrição para se afixar no portal do teatro. Eu sugeriria que se escrevesse o seguinte ali: 'Entra, viajante, e vê o que há de mais trivial'; é o que ocorreria na maioria dos casos".

Nesse momento, a conversa foi interrompida pela chegada dos amigos, os quais, se estivessem presentes, teriam dado outra direção e desfecho à discussão, pois Marcus não pensava daquela mesma maneira sobre o teatro, e não podia renunciar à esperança de que do teatro surgisse algo de bom.

Como foi dito, eles se juntaram ao grupo soltando estrondosas gargalhadas e, pelo que se pode ouvir de suas últimas palavras era possível inferir que conversavam sobre os denominados poetas clássicos ingleses. Falou-se ainda um pouco sobre esse assunto, e Antônio, que não perdia a chance de intervir polemicamente nas conversas, as quais raramente eram conduzidas por ele, afirmou que os fundamentos da crítica e do entusiasmo dos ingleses deviam ser buscados nas teorias de Smith sobre a riqueza das nações.[4] Os ingleses ficavam muito satisfeitos quando conseguiam incorporar mais um clássico ao tesouro público. Assim como todo livro naquela ilha se transformava em um ensaio, do mesmo modo, todo escritor, tendo deixado para trás sua própria época, se tornava um clássico.

O orgulho que sentem em fabricar as melhores tesouras é o mesmo que sentem em produzir a melhor poesia. Assim, um inglês lê Shakespeare do mesmo modo como lê Pope, Dryden, ou outro clássico qualquer;[5] posto que não diferencia um do

---

4. Referência a Adam Smith (1723-1790), economista escocês, autor do clássico *Investigação sobre a natureza e as causas da riqueza das nações* (1776).
5. Alexander Pope (1688-1744), poeta e crítico inglês. John Dryden (1631-1700), poeta, crítico e autor dramático inglês.

outro. Marcus afirmou que a idade de ouro se tornara uma doença moderna pela qual toda nação teria que passar, assim como as crianças passam pela varíola. "Então era preciso tentar atenuar a força da doença através da inoculação", disse Antônio. Ludovico, que com sua filosofia revolucionária gostava de praticar a destruição em larga escala, começou a falar de um sistema da falsa poesia, que gostaria de expor, a qual fizera tantos estragos entre ingleses e franceses, e que, de certo modo, ainda continuava a fazê-lo. A interconexão profunda e radical de todas essas falsas tendências, as quais concordam tão harmonicamente entre si, uma complementando a outra, e encontrando-se amigavelmente a meio do caminho seria tão notável e instrutiva quanto divertida e grotesca. Ele desejava saber escrever versos, pois apenas em um poema cômico é que se poderia dizer o que se tinha em mente. Ludovico ainda quis falar um pouco mais sobre esse assunto, mas as mulheres o interromperam, pedindo a Andrea para começar, pois senão os preâmbulos não teriam fim. Depois poderiam conversar e discutir ainda mais. Andrea abriu seu papel e leu.

Épocas da arte poética[1]

Onde quer que o espírito vivo apareça unido à letra cultivada, ali há arte, há divisão, matéria a ser superada, instrumentos a utilizar, um projeto e leis de tratamento. É por essa razão que vemos os mestres da poesia esforçando-se com tanto vigor para dar-lhe as mais diversas formas. A poesia é uma arte, e, onde ainda não chegou a sê-lo, deve vir a ser; onde chegou a ser, ela decerto desperta naqueles que verdadeiramente a amam um forte desejo de conhecê-la, de compreender a intenção do mestre, de captar a natureza da obra, de saber a origem da escola e o processo de sua formação. A arte repousa no saber, e a ciência da arte é sua história.

Pertence à essência de toda arte associar-se ao que é cultivado e, por isso, a história ascende cada vez mais, na medida em que retorna de geração em geração, de degrau em degrau, até a Antiguidade, até a fonte original.[2]

Para nós, modernos, para a Europa, essa fonte se encontra na Grécia e, para os gregos e sua poesia, em Homero e a antiga escola dos homéridas. Ali jorrava uma fonte inesgotável de poesia capaz das mais diversas formações, uma poderosa corrente de representação onde cada onda de vida

---

1. No original, *Epochen der Dichtkunst*.
2. A imagem da história da arte como algo que ascende (*steigt*) enquanto retorna à Antiguidade (*ins Altertum zurück*) parece ecoar os ensinamentos de Johann Joachim Winckelmann sobre a perfeição da arte entre os gregos. Sobre esse assunto, ver: Winckelmann. Johann Joachim. *Geschichte der Kunst des Altertums*. Wien: Phaidon Verlag, 1934.

se abate sobre a outra, um mar sereno no qual se refletem amistosamente a plenitude da terra e o esplendor do céu. Assim como os sábios buscam na água a origem da natureza, a mais antiga poesia também se mostra em forma fluida. O conjunto de lendas e canções se agrupa em torno de dois centros diferentes. Por um lado, há uma grande realização coletiva, uma profusão de poder e discórdia, a glória do mais corajoso; por outro lado, a plenitude do sensível, o novo, estranho e encantador, a felicidade de uma família, uma imagem da mais hábil sagacidade, que logra finalmente o árduo regresso ao lar. Essa divisão original preparou e constituiu o que chamamos de *Ilíada* e *Odisseia*, assim como tudo o que encontrou nesse conjunto um sólido fundamento para chegar à posteridade, ao contrário de outros cantos da mesma época.

No florescimento da poesia homérica vemos, de certo modo, o surgimento de toda poesia; mas suas raízes se ocultam de nosso olhar, enquanto as flores e ramos da planta crescem com incompreensível beleza da noite da Antiguidade.[3] Esse caos formado tão encantadoramente é a semente a partir da qual se organizou o mundo da poesia antiga.

A forma épica se deteriorou rapidamente. Em seu lugar surgiu, também entre os jônios, a arte dos versos jâmbicos, que, tanto na matéria como no tratamento, era exatamente o oposto da poesia mítica, e, por isso, tornou-se o segundo

---

3. A analogia entre a poesia e o mundo orgânico é uma constante nos escritos de Schlegel, como em *Sobre o Estudo da Poesia Grega*: "A poesia grega manteve sua constante tendência à objetividade até mesmo na época na qual todo o seu conjunto se ramificava em várias direções claramente distintas, como os diversos galhos de um mesmo tronco". Schlegel, Friedrich. *Sobre o Estudo da Poesia Grega*. Tradução de Constantino Luz de Medeiros. São Paulo: Iluminuras, 2018, p. 95.

centro da poesia grega; com ela surgiu igualmente a elegia, que se transformou e modificou de maneira tão variada quanto a épica.

Podemos apenas supor quem foi Arquíloco a partir dos fragmentos, relatos e transcrições inseridos nos *Epodos* de Horácio, assim como pelo parentesco com as comédias de Aristófanes e com a distante sátira romana.[4] Não dispomos de mais nada para preencher a maior lacuna da história da arte. Mas, qualquer um que refletir sobre esse assunto logo perceberá claramente que é parte da essência de toda poesia suprema irromper em cólera sagrada, e expressar toda a sua força na mais estranha matéria, isto é, no presente trivial.

Estas são as fontes da poesia grega, seu fundamento e início. Seus mais belos frutos incluem as obras líricas, corais, trágicas e cômicas dos dórios, eólios e atenienses, de Alcman e Safo até Aristófanes.[5] O que nos restou dessa época realmente áurea dos gêneros mais elevados da poesia traz, em maior ou menor grau, a marca de um estilo belo ou grandioso, a força vital do entusiasmo, e o desenvolvimento da arte em divina harmonia.

Todo esse conjunto repousa sobre o solo firme da poesia antiga, permanecendo uno e indivisível em virtude da vida festiva de homens livres, e a força sagrada dos antigos deuses.

A princípio, a poesia mélica, com sua música de sentimentos belos, se uniu à poesia iâmbica e ao ímpeto da paixão que nela transparece, assim como à poesia elegíaca, na qual as mudanças de ânimo no jogo da vida surgem de um modo tão vivo que poderiam até passar por sentimentos como o

---

4. Arquíloco de Paros, poeta grego do século VII a.C., considerado o provável inventor do metro jâmbico.
5. Alcman, poeta lírico originário de Esparta, viveu provavelmente no século VII a.C.

ódio e o amor, em virtude dos quais o sereno caos da poesia homérica foi impulsionado a novas formas e configurações. Por outro lado, os cantos corais inclinaram-se mais para o espírito heroico da epopeia, separando-se com a mesma facilidade, de acordo com a predominância do rigor das normas, ou da sagrada liberdade na disposição e no estado de ânimo do povo. A música ressoava na inspiração que Eros deu a Safo; e assim como a gravidade de Píndaro se amenizava com o alegre encanto dos exercícios de ginástica, os ditirambos, em sua exuberância, também imitavam as belezas orquestrais mais audaciosas.

Os fundadores da arte trágica encontraram na epopeia sua matéria e seus modelos originais, e, assim como da própria epopeia surgiu a paródia, os mesmos mestres que criaram a tragédia também inventaram os dramas satíricos.

O novo gênero surgiu ao mesmo tempo que a escultura, assemelhando-se a ela em sua formação vigorosa e nas regras de sua estrutura.[6]

Repleta da mais elevada mímica, que só é possível através das palavras, a comédia surgiu da união da paródia com os antigos jambos, e em oposição à tragédia.

Assim como na tragédia as ações, os acontecimentos, o caráter e a paixão foram organizados e configurados

---

6. Traduziu-se *Plastik* por "escultura". O termo é muito comum no debate sobre as artes do século XVIII. *Plastik* é também o título de uma obra de Johann Gottfried Herder, publicada em 1796. Em carta a seu irmão August Wilhelm, datada de junho de 1791, Schlegel menciona essa obra de Herder, afirmando que se tratava de um dos livros preferidos do irmão. Nessa mesma carta, Schlegel relata a visita que fizera ao pintor e escultor Adam Friedrich Oeser (1717-1799). Oeser fora amigo de Johann Joachim Winckelmann, e Schlegel afirma que se sentira em sua casa "como se ouvisse o próprio Winckelmann, já idoso, conversando com ele". Cf. SCHLEGEL, Friedrich. *Kritische Friedrich-Schlegel-Ausgabe*. Paderborn: Ferdinand Schöningh, 1987, p. 12.

harmonicamente, em um belo sistema, a partir de uma lenda preexistente, na comédia se esboça audaciosamente, ao modo da rapsódia, uma extravagante abundância de invenção, com profundo sentido em sua aparente falta de relação.

Os dois tipos de drama ático enraizaram-se profundamente na vida, em virtude de sua ligação com o ideal destas duas grandes formas, nas quais se manifesta a vida única e suprema, a vida do homem entre os homens. Encontramos em Ésquilo e Aristófanes o entusiasmo pela república, enquanto Sófocles teve como fundamento um modelo elevado da bela família nas condições heroicas da época antiga.

Se Ésquilo é o modelo eterno de grandeza rústica e de entusiasmo ainda não inteiramente desenvolvido, e Sófocles é modelo harmonioso de perfeição e acabamento, Eurípedes mostra aquela flacidez enigmática, que só é possível ao artista decadente, e sua poesia é, frequentemente, apenas a mais engenhosa declamação.

Esse primeiro conjunto da arte poética helênica, a epopeia antiga, os jambos, a elegia, os cantos festivos e as peças teatrais são a própria poesia. Tudo o que a isto se seguiu, até nossa época, é apenas o vestígio, o eco, a intuição particular, a aproximação e o retorno àquele Olimpo supremo da poesia.

A necessidade de completude (*Vollständigkeit*) me obriga a mencionar que os primeiros modelos e fontes do poema didático,[7] as contribuições recíprocas entre a poesia e a

---

7. Em alemão, *didaskalischen Gedichts,* poema didático ou didascálico. O termo advém do verbo grego *didasko,* (instruir ou ensinar). Um dos mais antigos exemplos de poema didático ou didascálico é *Os trabalhos e os dias,* de Hesíodo (século VIII a.C.). Esse preciosismo filológico da personagem de Andrea (que representa artisticamente August Wilhelm Schlegel) será criticado adiante pela personagem de Marcus (Tieck).

33

filosofia, também devem ser procuradas nessa época de florescimento da cultura antiga: nos hinos dos mistérios inspirados pela natureza, nas doutrinas engenhosas dos poemas gnômicos[8] de moral social, nos poemas omniabrangentes (*allumfassenden*) de Empédocles e outros investigadores, assim como nos simpósios, onde o diálogo filosófico e sua representação se convertem inteiramente em poesia.

Aqueles espíritos de grandeza única como Safo, Píndaro, Ésquilo, Sófocles, Aristófanes não surgiram novamente; mas houve ainda virtuoses geniais, como Filoxeno,[9] caracterizando o estado de dissolução e efervescência que marcou a transição da grande poesia de ideais para a poesia delicada e refinada e erudita dos helenos. Alexandria foi um dos centros dessa poesia. Porém, não foi apenas aí que surgiu e floresceu uma plêiade clássica de poetas trágicos; no teatro ático também brilhava uma legião de virtuoses, e ainda que os poetas procurassem imitar ou remodelar cada uma das formas antigas, realizando diversas tentativas em todos os gêneros, foi sobretudo no gênero dramático que se revelou a força criadora que ainda subsistia naquela época, através de uma rica profusão das mais engenhosas e singulares combinações e composições, as quais eram em parte sérias e em parte paródias.

Mas o que prevaleceu neste gênero foi o caráter refinado, espirituoso e artificial das composições, como nos outros gêneros, dentre os quais mencionaremos apenas o idílio como forma própria dessa época; uma forma cuja peculiaridade consiste quase tão somente na ausência de forma. No ritmo, em algumas expressões da linguagem

---

8. Poema gnômico, poema sentencioso, em forma de máximas e sentenças.
9. Filoxeno (435-380 a.C.). Poeta ditirâmbico grego.

e na maneira de exposição ela segue, de certo modo, o estilo épico; na ação e no diálogo segue os mimos dóricos de cenas extraídas da vida social em sua cor mais local.[10] Nos cantos alternados ela segue as canções naturais dos pastores;[11] no espírito erótico assemelha-se à elegia e ao epigrama dessa época, onde esse mesmo espírito fluiu em obras épicas, muitas das quais eram apenas a forma como o artista procurava mostrar, no gênero didascálico, que sua exposição era capaz de vencer mesmo a matéria mais difícil e árida; por outro lado, no gênero mítico, o artista procurava mostrar que conhecia até mesmo o assunto mais raro, que sabia renovar e transformar até mesmo o mais antigo e desenvolvido dos temas, ou que era capaz de brincar, em finas paródias, com um objeto meramente fictício. Em geral a poesia dessa época se dirigia, ou para a artificialidade da forma, ou para o encanto sensível da matéria, que prevaleceu até mesmo na nova comédia ática; no entanto, o mais voluptuoso se perdeu.

Quando até a imitação havia se esgotado, os artistas se contentaram em trançar novas grinaldas com as velhas flores, e foi com as antologias que a poesia helênica chegou a seu termo. Os romanos tiveram apenas um breve arrebatamento

---

10. No original, *in der lokalsten Farbe*. A referência à "cor mais local" como designação da representação artística da originalidade e singularidade dos povos tem origem nos escritos de Herder. Mais tarde, o termo se tornaria comum na estética do romantismo europeu.
11. Schlegel utiliza o termo *kunstlos* em alemão, o que significa literalmente "o que não é artificial". Como Schiller em seu ensaio sobre a poesia ingênua e poesia sentimental, Schlegel estabelece uma diferença entre as criações naturais e as artificiais, ou seja, entre o caráter natural da poesia antiga (*Naturpoesie*) e o caráter artificial da poesia moderna (*Kunstpoesie*). Sobre esse assunto, ver: SCHLEGEL, Friedrich. *Sobre o estudo da poesia grega*. Tradução, introdução e notas de Constantino Luz de Medeiros. São Paulo: Iluminuras, 2018.

poético, durante o qual lutaram e se esforçaram com grande energia para se apossar artisticamente de seus modelos, os quais lhes chegaram pelas mãos dos alexandrinos; por essa razão, em suas obras predomina o erótico e o erudito, e, para que possamos apreciar sua arte, é preciso que adotemos esse mesmo ponto de vista.[12]

Pois o apreciador experiente sabe apreciar cada produto da arte em sua própria esfera, julgando-o apenas de acordo com seu ideal. É verdade que Horácio nos parece interessante em todas as formas, e procuraríamos inutilmente um homem do valor desse romano entre os helenos tardios; no entanto, esse interesse geral por Horácio é mais um juízo romântico do que artístico, pois é apenas na sátira que chegaríamos a tal apreciação elevada. Um fenômeno magnífico é produzido quando a força romana se mistura à arte helênica até se fundirem numa só. Assim Propércio criou uma grande natureza através da arte mais erudita, deixando brotar de seu peito sincero uma torrente poderosa de amor íntimo. Ele pode nos consolar da perda dos elegíacos helênicos, como Lucrécio nos consola da perda de Empédocles.

Durante algumas gerações, todo mundo quis fazer poesia em Roma, e cada um acreditava que deveria favorecer as musas, procurando restabelecê-las em seu lugar; eles chamaram esse fenômeno de idade de ouro de sua poesia, mas isso se parecia mais com um florescimento estéril na cultura dessa nação. Os modernos os seguiram nesse caminho; o que ocorreu sob o império de Augusto e Mecenas foi um presságio dos quinhentistas da Itália. Luís XIV tentou forçar a mesma primavera do espírito na França;

---

12. Em seu romance *Lucinde* (1799), Schlegel, de certo modo, faz uso dessa mescla do erótico e do erudito.

os ingleses também trilharam esse caminho, considerando o gosto na época da rainha Ana como o melhor, e depois disso nenhuma nação quis permanecer sem sua idade de ouro; mas a cada época, a arte tornava-se ainda mais vazia e pior do que aquela da época que lhe antecedera, e aquilo que os alemães imaginaram ser sua idade de ouro não merece ser representado com maiores detalhes nessa exposição.

Voltemos aos romanos. Como ficou dito, eles tiveram apenas um breve arrebatamento poético o qual, no fundo, jamais correspondeu à sua natureza. Na verdade, apenas a poesia da urbanidade era natural entre eles, e foi somente com a sátira que enriqueceram o âmbito da arte. Esta tomou, em cada um dos mestres, uma nova feição, na medida em que o estilo antigo e grandioso de sociabilidade e de chiste romanos às vezes se apropriou da audácia clássica de Arquíloco e da antiga comédia, às vezes transformou a leveza despreocupada de um improvisador na mais pura elegância de um heleno correto, outras vezes voltou, com espírito estóico e no estilo mais puro, ao antigo e elevado modo da nação, ou se entregou ao entusiasmo do ódio. Através da sátira brilha novamente o que ainda vive da urbanidade da Roma eterna em Catulo, Marcial, ou, de forma isolada e dispersa, em outros autores. A sátira nos dá um ponto de vista romano para os produtos do espírito romano.[13]

Após a força da poesia se extinguir tão rápido como havia crescido, o espírito humano tomou outra direção, a

---

13. O trecho remete às considerações de Schlegel sobre o chiste como forma de urbanidade. Para o teórico, em Cícero e Quintiliano é possível encontrar uma vertente de utilização da ironia como *dissimulatio urbana*, isto é, uma forma de se dizer elegantemente o contrário do que se afirma. Essas fórmulas irônicas foram muito utilizadas na sátira. Sobre assunto, consultar: Medeiros, Constantino Luz. *A invenção da modernidade literária*. São Paulo: Iluminuras, 2018, p. 96.

arte desapareceu no tumulto entre o antigo e o novo mundo, transcorrendo mais de um milênio antes que um grande poeta surgisse novamente no Ocidente. Entre os romanos, quem possuía o dom da palavra dedicava-se aos assuntos legais, e, se fosse heleno, dava aulas populares sobre todo tipo de assunto filosófico. Os romanos se contentavam em conservar, compilar, mesclar e corromper os tesouros antigos de todo tipo; e assim como ocorria em outros âmbitos da cultura, também na poesia era cada vez mais raro surgir algum traço isolado e enfraquecido de originalidade; em um período tão longo de tempo não surgiu nenhum artista e nenhuma obra clássica de relevo. Por outro lado, a criação e o entusiasmo eram intensos no âmbito da religião. É no desenvolvimento da nova religião, nas tentativas de transformação das antigas crenças, e na filosofia mística que devemos buscar a força daquela época, a qual, nesse sentido, foi uma época grandiosa, um domínio intermediário de cultura, um caos fecundo para uma nova ordem de coisas, a verdadeira Idade Média.

Com os germanos jorrou sobre a Europa uma nascente pura de nova poesia heroica, e, quando a força selvagem da poesia gótica, graças à influência dos árabes, topou com o eco do encantador conto maravilhoso do Oriente, o alegre ofício dos inventores de canções de amor e de histórias estranhas floresceu nas costas mediterrâneas; ao mesmo tempo, ao lado das lendas sagradas latinas difundiram-se os romances profanos que cantavam o amor e as armas, tomando ora esta e ora aquela forma.

Entretanto, a hierarquia católica já havia se desenvolvido; a jurisprudência e a teologia indicavam certos traços de uma retomada da Antiguidade. Essa retomada se dava, por um lado, através da união entre religião e poesia pela figura do grande Dante, o sagrado fundador e pai da poesia moderna.[14] Dos antepassados da nação ele aprendeu a concentrar, com força e dignidade clássicas, o mais característico, singular e sagrado e o mais doce do novo dialeto vulgar, enobrecendo, assim, a arte provençal da rima; e, como não podia chegar à fonte original, foram os romanos que lhe suscitaram a ideia geral de uma grande obra de estrutura organizada. Assumindo de uma forma vigorosa essa ideia, a força de seu espírito criador se concentrou em um ponto central, envolvendo com seus braços fortes, em um gigantesco poema, sua nação, sua época, a Igreja, o império, a sabedoria, a revelação, a natureza e o reino de Deus. Um compêndio do mais nobre e do mais indigno que ele havia visto, do mais grandioso e do mais estranho que pode inventar; a representação mais sincera de si mesmo e de seus amigos, o mais esplêndido enaltecimento da amada; tudo de forma fiel e verídica no plano visível, mas cheio de significação e relação com o invisível.

Petrarca emprestou perfeição e beleza à *canzone* e ao soneto.[15] Seus cantos são o espírito de sua vida, e um mesmo sopro os anima e transforma em uma obra una e indivisível;

14. Como demonstra Erich Auerbach, a redescoberta de Dante Alighieri para a modernidade é obra dos românticos alemães: "E pela primeira vez desde o fim da onipotência da imagem do mundo católica, os Schlegel, Schelling e Hegel experimentaram a unidade do grande poema, sentiram a *Comédia* não como uma antologia de belas passagens, mas como o poderoso edifício poético uniforme de nossa era". AUERBACH, Erich. *A redescoberta de Dante no romantismo*. In: *Ensaios de literatura ocidental*. Tradução de Samuel Titan Jr. e José Marcos Mariani de Macedo. São Paulo: Editora 34, 2007, p. 295.
15. *Canzone*, no original alemão. A *canzone* é uma forma lírica provençal e italiana que consiste em uma série de versos em estâncias (estrofes). Dante e Petrarca figuram entre os primeiros poetas italianos a utilizar a forma lírica da *canzone*. De acordo com alguns estudiosos, a *canzone* teve considerável importância na evolução do soneto.

a eterna Roma na terra e a Madonna no céu, como reflexo da inigualável Laura em seu coração, tornam sensível e mantém em bela liberdade a unidade espiritual de todo o poema.[16] De algum modo, foi o seu sentimento que inventou a linguagem do amor, a qual continua válida, após séculos, para todos os espíritos nobres. Do mesmo modo, a inteligência de Boccaccio deixou para os poetas de todas as nações uma fonte inesgotável de histórias curiosas, geralmente verdadeiras e, em sua grande maioria, profundamente elaboradas, e elevou, por meio da expressão poderosa e da construção de grandes períodos, a linguagem narrativa da conversação até uma base sólida para a prosa do romance.[17] Tão rigorosa é a pureza do amor em Petrarca, quanto material a força em Boccaccio, o qual preferia consolar todas as mulheres atraentes a endeusar apenas uma. Ao renovar a *canzone* através de um encanto alegre e uma sociabilidade jocosa, Boccaccio ultrapassou seu mestre, assemelhando-se ao grande Dante nos tercetos e na *Visão*.[18]

Estes três são os principais expoentes do estilo antigo da arte moderna;[19] seu valor deve ser compreendido pelo

---

16. Schlegel se refere provavelmente ao *Canzonere* (1356-1358), a primeira compilação dos poemas de Petrarca, nos quais o nome de Laura aparece diversas vezes.
17. Em *Relato sobre as obras poéticas de Giovanni Boccaccio,* Schlegel considera o autor do *Decamerão* como o pai e inventor da novela e um dos precursores do conto moderno. SCHLEGEL, Friedrich. *Relato sobre as obras poéticas de Giovanni Boccaccio.* Tradução de Constantino Luz de Medeiros. São Paulo: Humanitas/USP, 2015.
18. *L'amorosa visione*, obra de Boccaccio escrita entre 1342 e 1343.
19. Schlegel divide as épocas da poesia romântica (ou moderna) em três fases, sendo que na primeira encontram-se os antigos românticos, os expoentes do estilo antigo da arte romântica, Petrarca, Boccaccio e Dante; na segunda, Cervantes e Shakespeare; o representante máximo da terceira fase (que se inicia na época do primeiro romantismo alemão) é Johann Wolfgang Goethe.

conhecedor de arte, pois justamente o que há de melhor e mais característico neles continua sendo de difícil compreensão para a sensibilidade do mero apreciador da arte.

Nascido de tais fontes, o grande rio da poesia não podia secar novamente na privilegiada nação dos italianos. É verdade que aqueles criadores não deixaram nenhuma escola, mas apenas imitadores, ainda assim logo surgiriam novos frutos. Quando a forma e a estrutura da poesia, que agora voltava a ser arte, foram aplicadas à matéria aventurosa dos livros de cavalaria, surgiu o *romanzo* dos italianos. Destinado desde seu surgimento às leituras em sociedade, [o *romanzo*] transformava explícita ou implicitamente as histórias maravilhosas da Antiguidade em obras grotescas, através de um sopro de chiste social e aroma espiritual.

Até mesmo em Ariosto[20] – que, como Boiardo, enfeitou o *romanzo* com novelas e belas flores colhidas dos antigos, segundo o espírito de sua época, alcançando nas estâncias um encanto superior – esse grotesco surge apenas no detalhe e não no todo, não merecendo sequer esse nome. Em razão dessa sua qualidade e por seu claro poder de discernimento, ele se encontra acima de seu predecessor; a profusão de imagens claras, e a afortunada combinação de gracejo e seriedade o transformaram no mestre e modelo na narrativa leve e em fantasias sensuais. Mas a tentativa de elevar o *romanzo* à antiga dignidade da epopeia, através da nobreza de seu tema e de uma linguagem clássica – [epopeia] que era considerada especialmente pelos eruditos como a maior de todas as obras de arte para a nação, em razão de seu caráter alegórico – permaneceu, a despeito de todas as

---

20. Ludovico Ariosto (1474-1533), poeta italiano, autor do romance épico *Orlando Furioso* (1453). O poema é uma continuação artística do poema *Orlando Enamorado* (1483-1495), de Matteo Maria Boiardo (1440-1494).

repetições, apenas uma tentativa, jamais alcançando novamente seu ideal. Guarini, por sua vez, seguiu no *Pastor Fido* um caminho totalmente novo, mas que somente poderia ser trilhado uma única vez; fundindo o espírito romântico e a cultura clássica na mais bela harmonia, e dando ao soneto nova força e encanto criou uma obra única entre os italianos após os grandes poetas do passado.[21]

A história da arte dos espanhóis, os quais tinham grande intimidade com a poesia dos italianos, e a dos ingleses, cujo sentido para o romântico os tornava bastante receptivos para esse gênero – embora eles apenas o recebessem em terceira ou quarta mão – se concentravam principalmente na arte de Cervantes e Shakespeare, homens tão grandes que, em comparação a eles, todo o resto se parecia apenas com algo preparatório, explicativo e complementar. A riqueza de suas obras e o desenvolvimento de seu espírito incomensurável se constituiriam, por si mesmos, em matéria para uma história à parte. Mas nós queremos apenas indicar o fio condutor de suas obras, apontar em que partes específicas se divide o todo, ou ao menos onde se pode enxergar alguns elementos constantes e uma direção.

Quando empunhou a pena ao invés da espada pela primeira vez, já que não podia mais manejá-la, Cervantes escreveu *A Galateia*, uma composição grande e maravilhosa da eterna música da fantasia e do amor, o mais suave e amoroso de todos os romances;[22] além disso, ele escreveu

---

21. Giovanni Battista Guarini (1538-1612), poeta, dramaturgo e diplomata italiano. O *Pastor Fido* (1590) foi descrito pelo próprio autor como uma "tragicomédia pastoral".
22. O romance pastoral *A Galateia* (*La Galatea*) foi publicado em 1585 por Miguel de Cervantes Saavedra (1547-1616), inspirando-se em *Os sete livros de Diana* (1559), do poeta português Jorge de Montemor, ou Jorge de Montemayor em espanhol (c. 1520-1561). A origem do romance pastoral

muitas obras que dominaram os palcos, as quais, como a divina *Numância*, estavam à altura do antigo estilo. Esta foi a primeira grande fase de sua poesia, cuja característica principal era a beleza elevada, severa, mas amável. A obra-prima de sua segunda fase é a primeira parte do *Dom Quixote*, obra na qual predominam o engenho fantástico e uma abundância extravagante de invenções audaciosas. No mesmo espírito, e provavelmente na mesma época, compôs muitas de suas novelas, especialmente as cômicas. Nos últimos anos de sua vida, ele sucumbiu ao gosto dominante em relação ao drama, razão pela qual tornou-se negligente quanto à essa forma; na segunda parte do *Dom Quixote*, Cervantes também levou em consideração o juízo [da época]; mas, como reservava a si mesmo certa liberdade, conseguiu elaborar com insondável entendimento e máxima profundidade a segunda parte do romance, que estava totalmente ligada à primeira, criando, assim, uma obra única, constituída por duas partes que se complementam. Compôs o grandioso *Persiles*[23] com engenhosa artificialidade, em um estilo sério e obscuro, de acordo com sua concepção do romance de Heliodoro.[24] O que ainda pretendia escrever,

encontra-se na Itália, onde os poetas misturaram poemas pastorais com narrativas ficcionais em prosa. No entanto, a arte de mesclar prosa e verso em romances remonta à Antiguidade clássica. Essa mistura pode ser encontrada em romances gregos como *Dafnis e Chloe*, de Longus (século II d.C.). Um dos primeiros poetas do Renascimento italiano a misturar prosa e verso antecipando os romances pastorais foi o humanista italiano Jacopo Sannazaro e seu poema pastoral *Arcadia* (1470).
23. *Os trabalhos de Persiles e Sigismunda*, última obra de Miguel de Cervantes, publicada em 1617.
24. Heliodoro é autor do romance grego *Etiópicas ou Teágenes e Cariclea* (século III d.C.). Com sua obra *Os trabalhos de Persiles e Sigismunda*, Cervantes buscava, de certo modo, restituir ou renovar a antiga tradição do romance grego, a qual remontava a escritos como *As Efesíacas*, de Xenofonte de Éfeso (século I ou II d.C.), *Quereas e Calírroe,* de Cáriton

provavelmente algo no gênero dos livros de cavalaria e do romance dramatizado, assim como a segunda parte de *Galateia,* a morte o impediu de fazer.

Antes de Cervantes, a prosa dos espanhóis possuía um estilo agradável e antigo nos livros de cavalaria, florescia no romance pastoril, enquanto no drama romântico imitava com elegância e precisão a linguagem da vida cotidiana. Desde a Antiguidade, essa terra estava familiarizada com as mais encantadoras formas de canções delicadas, cheias de música ou de brincadeiras espirituosas, e de romances criados para narrar com grandeza e simplicidade, de um modo sério e fidedigno, as antigas histórias nobres e emocionantes. O terreno estava bem menos preparado para Shakespeare, pois a única coisa que encontrou foi a colorida variedade do palco inglês, para o qual trabalhavam tanto homens de letras, como atores, nobres e bufões, [um palco] no qual mistérios da infância do drama ou das antigas farsas inglesas se alternavam com novelas estrangeiras, histórias nacionais e outros temas, nos mais variados estilos e formas, mas nada que pudéssemos chamar de arte. No entanto, esse ambiente foi muito propício para a fundamentação do efeito cênico, pois desde cedo os atores atuavam em um teatro que não estava, de modo algum, voltado ao brilho das aparências exteriores, e que, no que diz respeito ao drama histórico, a monotonia da matéria guiava o espírito do poeta e do espectador para a forma.

As primeiras obras de Shakespeare devem ser examinadas sob a mesma ótica com que o conhecedor reverencia

---

de Afrodisias (século I ou II d.C.), *Leucipe e Clitofonte,* de Aquiles Tácio (século II d.C.), *Dafnis e Chloe,* de Longo (século II ou III d.C), ou mesmo *Lúcio ou o Asno,* de Luciano (século II d.C.).

as obras antigas da pintura italiana.²⁵ Embora desprovidas de perspectiva e acabamento mais refinado, elas são profundas, grandiosas e plenas de sentido, e apenas as obras mais elaboradas de Shakespeare as superam. Entre essas obras incluímos *Locrinus*,²⁶ peça na qual o mais alto estilo da língua gótica se une de um modo surpreendente à rude comicidade do inglês antigo, o divino *Péricles*,²⁷ assim como outras peças de autoria desse mestre único; [obras] cuja autenticidade, contra todas as a indicações históricas, foi contestada pela tolice ou a ignorância de eruditos levianos. Supomos que essas produções são anteriores ao *Adônis*²⁸ e aos *Sonetos*, porque ali não há rastro algum do doce e adorável estilo, do belo espírito que perpassa, em maior ou menor grau, todos os dramas tardios do poeta, sobretudo da época de seu apogeu. O amor, a amizade e a nobre companhia, segundo o seu próprio testemunho, produziram uma bela revolução em seu espírito; a familiaridade com os delicados poemas de Spenser,²⁹ tão querido entre os nobres, estimulou seu novo impulso romântico, levando-o à leitura de novelas, as quais ele transformou para o palco com o mais profundo entendimento, reconstruindo-as e dramatizando-as de um modo fantasticamente atrativo, como jamais havia acontecido. Esse

25. Sobre as obras de Shakespeare consideradas inautênticas e as provas de sua autenticidade, devemos recomendar aos amigos do poeta a investigação minuciosa realizada por Tieck, cujo conhecimento erudito e a visão original sobre o assunto despertaram a atenção do autor, em primeiro lugar, para essa interessante questão crítica. [Nota de Schlegel].
26. *Locrinus* ou Locrine é o nome de uma peça do teatro elisabetano (ou teatro elisabelino, 1558-1625) atribuída a Shakespeare.
27. Péricles, príncipe de Tiro (1607-1608), embora sua autenticidade ainda seja assunto controverso encontra-se atualmente entre as obras de Shakespeare.
28. Vênus e Adônis, poema narrativo de Shakespeare de 1593.
29. Edmund Spenser (1553-1599), poeta inglês.

desenvolvimento artístico atingiu igualmente suas obras históricas, dando a elas mais riqueza, graça e espirituosidade, e insuflou em todos os seus dramas um sopro de espírito romântico, que é, junto com a profunda solidez, seu traço mais característico, e que faz deles um fundamento romântico do drama moderno, capaz de durar para todo o sempre.

Entre as primeiras novelas dramatizadas mencionamos apenas o *Romeu* e os *Trabalhos de Amores Perdidos* como os pontos mais luminosos de sua fantasia juvenil, e que mais se aproximam do *Adônis* e dos *Sonetos*. Nas três partes de *Henrique VI* e no *Ricardo III* podemos ver uma transição contínua do estilo antigo, ainda não romantizado, até alcançar seu grande estilo. A esse grupo ele acrescentou o que vai de *Ricardo II* a *Henrique V*; essa obra representa o auge de sua força. Em *Macbeth* e *Rei Lear* vemos os limites de sua maturidade viril, enquanto o *Hamlet* paira indeciso na transição da novela para aquilo que são essas tragédias. De sua última época é preciso mencionar a *Tempestade*, o *Otelo* e as peças romanas; nelas há um sentido inesgotável, embora já um pouco da frieza da velhice.

Após a morte desses grandes, a bela fantasia se extinguiu em seus países. É curioso que a filosofia, até então em estado rudimentar, transformou-se em arte, despertando o entusiasmo de homens notáveis e atraindo a atenção outra vez para si. Por outro lado, desde Lope de Vega e Gozzi surgiram certamente alguns virtuosos que se destacaram na poesia, mas nenhum poeta de verdade, e mesmo esses escreveram apenas para o teatro. No mais, a quantidade de falsas tendências aumentou exponencialmente em todos os gêneros e formas, sejam eruditas ou populares. Na França surgiu um sistema vasto e coerente de falsa poesia, composto de abstrações e raciocínios superficiais, a partir de uma equivocada compreensão da Antiguidade e do talento medíocre, [um sistema] que se baseava em uma teoria igualmente falsa da arte poética; a partir de então, essa enfermidade do assim chamado bom gosto se alastrou por quase todos os países da Europa. Os franceses e os ingleses constituíram suas diferentes idades de ouro, escolhendo cuidadosamente seus autores clássicos, dignos de figurar no panteão de glória da nação, mas que não mereceriam sequer a menção em uma história da arte.

Apesar disso, eles ao menos preservaram uma tradição, a de que seria preciso retornar aos antigos e à natureza; essa ideia também ocorreu aos alemães, depois que, aos poucos, conseguiram ultrapassar seus modelos. Winckelmann ensinou a considerar a Antiguidade como um todo, dando o primeiro exemplo de como se devia fundamentar uma arte pela história de sua formação.[30] A universalidade de Goethe proporcionou um suave reflexo da poesia de quase todas as nações e épocas; uma série inesgotavelmente instrutiva de obras, estudos, esboços, fragmentos, ensaios em todos os gêneros e nas formas mais diversas. A filosofia conseguiu, através de uns poucos passos, compreender a si mesma e ao espírito do homem, em cuja profundeza pode descobrir a

30. Em um de seus *Fragmentos sobre poesia e literatura,* Schlegel afirma que Winckelmann foi o primeiro a sentir a antinomia entre os antigos e os modernos, o que ensejaria uma história da arte mais abrangente e sistemática, que partisse da observação do movimento que a arte fizera entre os gregos para descobrir as leis da literatura moderna. August Wilhelm Schlegel, em sua *Doutrina da arte,* indica que aquilo que a maioria dos estudiosos acreditava ser o todo da história da arte, na verdade era apenas metade dela, sendo necessário complementá-la com o estudo da poesia dos modernos. De certo modo, a dialética histórico-filológica dos irmãos Schlegel tem como fundamento a antinomia entre os antigos e os modernos, estudada por Winckelmann, Herder, Lessing, Schiller, Goethe e outros, pois foi a partir dessa descoberta que eles desenvolveriam suas teorias sobre a arte romântica.

fonte originária da fantasia e do ideal da beleza, sendo assim obrigada a reconhecer nitidamente a poesia, cuja essência e existência ela até então não havia sequer pressentido. Filosofia e poesia, as forças mais elevadas do homem, que até mesmo em Atenas, na época de seu apogeu, atuaram de forma isolada, agora se entrelaçam para reanimar seu espírito e se desenvolver em eterna ação recíproca (*Wechselwirkung*).[31] A tradução dos poetas e a imitação de seus ritmos converteram-se em arte, a crítica transformou-se em uma ciência que elimina os antigos equívocos, abrindo novas perspectivas para o conhecimento da Antiguidade, em cujo fundo se apresenta a história completa da poesia.

A única coisa que falta aos alemães é que utilizem esses métodos, e sigam o exemplo de Goethe, investigando por toda parte as formas da arte até a sua origem, para poder reavivá-las ou combiná-las, a fim de que elas retornem às fontes de sua própria língua e poesia, e libertem, mais uma vez, a antiga força, o espírito elevado, que permanece adormecido nos documentos de épocas remotas da nação, da *Canção dos Nibelungos*[32] até Flemming[33] e Weckherlin[34]: assim, a poesia, que não foi elaborada de um modo perfeito e original em nenhuma nação moderna, que surgiu primeiro como saga heroica, e depois tornou-se um jogo de cavalheiros e, finalmente, um ofício burguês, agora, justamente entre os alemães, se transformará para sempre em

---

31. Como foi dito, o termo *Wechselwirkung*, "ação ou efeito recíproco", advém da filosofia de Fichte, e remete à possibilidade singular de dois elementos antagônicos complementarem-se reciprocamente.
32. A *Canção dos Nibelungos*, *Nibelungenlied*, é um poema épico alemão escrito por volta de 1200 d.C.
33. Paul Flemming (1609-1640), poeta alemão.
34. Georg Rudolf Weckerlin (1584-1653), poeta alemão.

uma ciência de verdadeiros eruditos e a arte vigorosa de poetas inventivos.

Camila. Quase não mencionaste os franceses.

Andrea. Não foi intencionalmente; apenas não encontrei razão para isso.

Antônio. Tu poderias ao menos usá-los como exemplo, e mostrar como se pode ser uma grande nação sem poesia alguma.

Camila. E expor como se vive sem poesia.

Ludovico. Ele quis antecipar de maneira indireta, através desse ardil, minha obra polêmica sobre a teoria da falsa poesia.

Andrea. Isto só depende de ti, eu apenas anunciei de leve o que tu pretendes fazer.

Lotário. Já que mencionaste a passagem da poesia à filosofia, e da filosofia à poesia, e te referiste a Platão como poeta, razão pela qual a musa te recompensará, eu esperava ouvir também o nome de Tácito. Essa perfeição e acabamento no estilo, essa representação equilibrada e clara que encontramos nas grandes histórias da Antiguidade, tudo isso deveria ser um modelo para o poeta. Estou convencido de que esse grande recurso ainda poderá ser utilizado.

Marcus. E talvez aplicado de forma inteiramente nova.

Amália. Se continuar assim, antes mesmo que possamos nos dar conta, todas as coisas se transformarão em poesia, uma atrás da outra. Acaso tudo é poesia?

Lotário. Toda arte e toda ciência que atuem através do discurso, quando praticadas com arte e com vistas a si mesmas, e quando alcançam a mais alta perfeição, manifestam-se como poesia.

Ludovico. E toda arte tem um espírito invisível que é a poesia, mesmo que sua essência não se concretize através das palavras da língua.

Marcus. Concordo contigo na maioria dos pontos, em quase todos, mas gostaria que tivesses dado mais atenção aos gêneros poéticos, ou melhor, gostaria que de tua exposição resultasse uma teoria mais precisa sobre eles.

Andrea. Em minha exposição restringi-me inteiramente aos limites da história.

Ludovico. De todo modo, tu também poderias ter recorrido à filosofia. Ainda assim, não pude encontrar nenhuma classificação em que aparecesse o antagonismo originário da poesia, como na oposição que estabeleceste entre a forma épica e a jâmbica.

Andrea. Que é meramente histórica.

Lotário. É natural que a poesia se manifeste de um modo duplo quando surge de uma forma tão suprema como naquela terra afortunada.[35] Então, ou ela cria um mundo a partir de si mesma, ou se atrela ao mundo exterior, o que, a princípio não ocorre através da idealização, mas apenas de maneira dura e hostil. É assim que me explico os gêneros épico e jâmbico.

Amália. Sinto arrepios cada vez que abro um livro no qual a fantasia e suas obras são classificadas em rubricas.

---

35. Aqui, como em *Sobre o estudo da poesia grega*, Schlegel defende um mesmo ideal de beleza e perfeição da arte grega como o defendido por Johann Joachim Winckelmann, em obras como *Gedanken über die Nachahmung der griechischen Werke in der Malerei und Bildhauerkunst* (Reflexões sobre a imitação das obras gregas na pintura e na escultura), na qual o estudioso afirma que "O bom gosto, que mais e mais se expande no mundo, começou a se formar, em primeiro lugar sob o céu grego". WINCKELMANN, Johann Joachim. *Reflexões sobre a arte antiga*. Tradução de Herbert Caro e Leonardo Tochtrop. Porto Alegre: Editora Movimento, 1975, p. 39.

Marcus. Ninguém espera que tu leias tais livros abomináveis. Mas o que nos falta é justamente uma teoria dos gêneros poéticos. E o que mais poderia ser ela, senão uma classificação que fosse ao mesmo tempo história e teoria da poesia?

Ludovico. Ela nos exporia como e de que modo a fantasia de um poeta – fictício, que, enquanto arquétipo, fosse o poeta de todos os poetas – tem necessariamente de se limitar e dividir por força e por intermédio de sua própria atividade.

Amália. Mas como esse ser artificial (*künstlich*) pode ser útil à poesia?

Lotário. Até agora, Amália, tu tens poucos motivos para te queixar ante teus amigos de tal ser artificial. Algo inteiramente diverso terá que acontecer para que a poesia se torne realmente um ser artificial.[36]

Marcus. Sem separação, não há formação, e a formação é a essência da arte. Assim, é preciso que aceites aquelas divisões, pelo menos como meio.[37]

Amália. O problema é que, muitas vezes, os meios se transformam nos fins, o que não deixa de ser um desvio

---

36. O termo utilizado por Schlegel é *künstlich*, que traduzimos por "artificial". O conceito de poesia artificial em contraposição à poesia natural é parte integrante das discussões estéticas que surgem tanto em *Sobre o estudo da poesia grega*, de Schlegel, quanto em *Poesia ingênua e poesia sentimental*, de Schiller.

37. A palavra alemã *Absonderung*, separação, isolamento, remete, como em outros textos de Schlegel, tanto às descobertas da química em seu tempo, quanto ao conceito orgânico de natureza presente nas teorias dos românticos, de Herder, Goethe, em oposição ao ideal mecânico originário de Descartes e Newton. Sobre esse assunto, consultar: RICHARDS, Robert J. *The romantic conception of life. Science and Philosophy in the age of Goethe*. Chicago: The University of Chicago Press, 2002.

perigoso, pois frequentemente o sentido para o que é elevado é aniquilado antes que o fim seja alcançado.

Ludovico. O verdadeiro sentido não pode ser aniquilado.

Amália. E qual meio para qual fim? É um fim que se alcança logo, ou nunca. Todo espírito livre deveria captar o ideal de forma imediata, entregando-se à harmonia que deve encontrar em seu interior, se ele a quiser procurar ali.

Ludovico. A representação interior só pode se tornar mais clara e inteiramente viva pela apresentação exterior.[38]

Marcus. Seja como for, a representação (*Darstellung*) é assunto da arte.

Antônio. Então, deve-se tratar a poesia também como arte. Pode ser pouco proveitoso encará-la desse modo em uma história crítica, se os próprios poetas não forem artistas e mestres, e procedam como queiram, utilizando instrumentos seguros para fins determinados.

Marcus. E por que não o fariam? É claro que devem fazê-lo e o farão. O essencial são os fins determinados, a separação através da qual a obra de arte se delimita, tornando-se perfeita e acabada em si mesma. A fantasia do poeta não deve se derramar em uma caótica poesia geral; ao contrário, cada obra deve ter seu caráter totalmente determinado segundo a forma e o gênero.

Antônio. Estás a apontar outra vez para tua teoria dos gêneros poéticos. Se ao menos tivesses clareza sobre ela!

Lotário. Não é preciso censurar nosso amigo por retornar com tanta frequência a esse assunto. A teoria dos gêneros poéticos deveria ser a verdadeira doutrina da arte da poesia. Eu mesmo tenho confirmado no particular o que já sabia

---

38. Há no trecho um interessante jogo semântico entre os termos *innere Vorstellung* (apresentação, representação interior) e *Darstellung nach außen* (representação, exposição, apresentação exterior).

em relação ao geral, que os princípios do ritmo e mesmo da rima são musicais. Aquilo que na representação (*Darstellung*) de caracteres, situações e paixões é essencial, o interior, o espírito, deveria ser natural das artes figurativas e do desenho. A própria dicção e a retórica estão diretamente relacionadas à essência da poesia. Os gêneros poéticos são, na verdade, a própria poesia.

Marcus. Ainda que existisse uma teoria conclusiva sobre os gêneros poéticos, mesmo assim haveria muita coisa, ou quase tudo a ser feito. Não faltam doutrinas e teorias sobre como a poesia é ou deveria ser arte. Mas será que através disso ela realmente se torna arte? Isso somente aconteceria se vários poetas se reunissem e fundassem uma escola da poesia, na qual o mestre, como em todas as outras artes, realmente tratasse o discípulo com bastante rigor, e não lhe desse sossego, deixando-lhe como herança, no suor de seu rosto, um sólido fundamento sobre o qual o sucessor tivesse desde o início a vantagem de continuar criando, de um modo cada vez mais grandioso e ousado até alcançar, com leveza e liberdade, a mais orgulhosa das alturas.

Andrea. O reino da poesia é invisível. Se vós não olhardes apenas para a forma exterior, podereis encontrar em sua história uma escola de poesia maior do que em qualquer outra arte. Os mestres de todas as épocas e nações prepararam o caminho para nós, deixando-nos um imenso capital. Mostrar isso da forma mais concisa foi o objeto de minha apresentação.

Antônio. Também entre nós, em nossa proximidade, não faltam exemplos desse tipo de mestre que, embora não o saiba ou não queira saber prepara cuidadosamente o caminho de seus sucessores. Muito tempo depois que os poemas de Voss[39] tiverem desaparecido, seu mérito como tradutor e artista da língua, que desbravou uma nova região com indizível força e perseverança, resplandecerá com tanto mais brilho quanto mais seus trabalhos preparatórios forem superados por trabalhos subsequentes superiores, porque se compreenderá que estes se tornaram possíveis somente graças àqueles.

Marcus. Também entre os antigos houve escolas da poesia, no sentido próprio do termo. E tenho esperança, não posso negar, de que isso ainda seja possível. O que há de mais realizável e, ao mesmo tempo, mais desejável do que uma sólida formação na arte métrica? Do teatro não surgirá nada de bom, até que um poeta dirija o todo e muitos trabalhem juntos em um mesmo espírito. Estou apenas apontando alguns caminhos possíveis para a execução de minhas ideias. Na verdade, criar tal escola seria minha ambição, para dar uma sólida base ao menos a algumas formas e meios da poesia.

Amália. Por que novamente apenas formas e meios? — Por que não a poesia como um todo, una e indivisível? — Nosso amigo não consegue se libertar de seu velho mau costume; ele precisa sempre separar e dividir, onde só o todo pode atuar e satisfazer sem nenhuma divisão de força. Tu também não vais querer fundar tua escola sozinho?

Camila. Aliás, caso queiras ser o único mestre, tu também podes ser teu próprio discípulo. Nós não iremos nos submeter ao aprendizado desse jeito.

Antônio. Não, de forma alguma. Tu não deves ser tiranizada assim por um só indivíduo, querida amiga; todos

---

39. Johann Heinrich Voss (1751-1826), poeta alemão e estudioso da Antiguidade clássica. Conhecido por suas traduções da *Odisseia* (1781) e da *Ilíada* (1793) de Homero.

nós teremos o direito de ensinar, de acordo com a ocasião. Todos queremos ser, ao mesmo tempo, mestres e discípulos, ora uma coisa, ora outra, conforme o caso. Quanto a mim, preferiria ser o discípulo. Mas, se me convencesse da possibilidade de uma escola desse tipo, não hesitaria em participar de um pacto, de uma aliança da poesia e para a poesia.
Ludovico. Nada melhor que a realidade para decidi-lo.
Antônio. Primeiro seria necessário investigar se a poesia pode mesmo ser ensinada e aprendida.
Lotário. O que seria o mesmo que compreender como a poesia pode ser retirada das profundezas e trazida à luz, através do engenho e da arte humanas.[40] O que, no entanto, permanece um mistério, seja lá como vós o entendeis.
Ludovico. Assim é. Ela é o ramo mais nobre da magia, e o homem isolado não pode se elevar à magia; mas onde quer que o impulso e o espírito humanos atuem unidos, ali se agita uma força mágica. É com essa força mágica que tenho contado; sinto a aragem do espírito soprar entre os amigos; vivo não apenas na esperança, mas na certeza de um novo alvorecer da poesia. O restante se encontra aqui nestas páginas, se agora for chegado o momento.
Antônio. Estamos prontos para ouvi-lo. Espero que nisso que tu vais nos apresentar possamos encontrar uma contraposição à exposição de Andrea sobre as épocas da arte poética. Assim poderemos depois comparar as opiniões e pontos de vista, a fim de discutir com mais liberdade e energia, e retomar a questão de saber se a poesia pode mesmo ser ensinada e aprendida.
Camila. Até que enfim terminaram. Vós quereis discutir tudo em termos de escola, mas não sois sequer mestres na

---

40. Em alemão, *durch Menschenwitz und Menschenkunst.*

arte dos discursos que fazeis, de modo que sinto não pouca vontade de me constituir como presidente e pôr ordem na conversa.

Antônio. Daqui em diante manteremos a ordem e, caso necessário, apelaremos a ti. Agora escutemos.

Ludovico. O que tenho a vos oferecer, e que me parece muito oportuno que seja feito, é um...

Discurso sobre a mitologia

Com a mesma seriedade com que vós venerais a arte, meus amigos, eu vos convido a vos perguntar: deve a força do entusiasmo (*Begeisterung*), também na poesia, despedaçar-se cada vez mais, até se cansar de lutar contra o elemento adverso e silenciar, em sua solidão, para sempre? Deve o que há de mais elevado e mais sagrado permanecer para sempre, sem nome e sem forma, abandonado ao acaso na escuridão? Será o amor realmente insuperável? Existe mesmo uma arte que mereça esse nome se não tem o poder de cativar o espírito do amor pelo encantamento de sua palavra, de tal forma que ele continue a animar as mais belas criações, obedecendo a seu comando, e segundo sua necessária arbitrariedade?

    Vós, mais do que ninguém, entendeis o que quero dizer. Vós mesmos já fizestes poesia e, ao fazê-lo, deveis frequentemente ter sentido que vos faltava um apoio firme para atuar, um solo materno, um céu, um ar vital.[1]

---

1. Schlegel desenvolve a ideia de que falta aos modernos (românticos) aquilo que entre os antigos (principalmente os gregos) propiciara as mais belas criações poéticas, a inspiração da plenitude da natureza traduzida em uma fabulosa mitologia, que servira como o fundamento da sociedade. Alguns anos antes da publicação de *Conversa sobre a poesia*, o crítico afirma: "Na Grécia, a beleza cresceu sem cuidados artificiais e, de certa forma selvagem. Sob esse céu afortunado, a arte da representação não foi uma habilidade aprendida, mas a natureza original". SCHLEGEL, Friedrich. *Sobre o estudo da poesia grega*. Tradução, introdução e notas de Constantino Luz de Medeiros. São Paulo: Iluminuras, 2018, p. 88.

O poeta moderno tem de elaborar e tirar tudo isso de seu interior, e muitos o fizeram magnificamente, mas até agora cada um por si, cada obra como uma nova criação desde o princípio, a partir do nada. Vou direto ao ponto. Afirmo que falta um centro a nossa poesia, como a mitologia o foi para os antigos, e todo o essencial daquilo em que a poesia moderna fica atrás da poesia dos antigos pode ser resumido nas seguintes palavras: nós não temos uma mitologia. Mas, acrescento, estamos bem próximos de ter uma, ou melhor, é chegado o momento de cooperar seriamente para produzi-la.

Pois ela nos virá por um caminho inteiramente oposto ao da antiga mitologia de outrora, que surgiu por toda parte como a primeira floração da fantasia juvenil, em sua aderência imediata ao que há de mais próximo e mais vivo do mundo sensível, junto ao qual se formou. A nova mitologia, ao contrário, deve desenvolver-se a partir do mais profundo do espírito; deve ser a mais artificial de todas as obras de arte, pois deve abarcar todas as outras, deve ser um novo leito e receptáculo para a antiga e eterna fonte original da poesia, e, ao mesmo tempo, o poema infinito, que guarda os germes de todos os demais poemas.[2]

Vós podeis até rir desse poema místico e da desordem que poderia surgir a partir da confusão e da abundância de poemas. Mas a beleza mais elevada, a ordenação suprema, é somente a do caos, ou seja, a de um caos que apenas

---

2. A nova mitologia de que trata Ludovico, personagem que a recepção crítica da obra de Schlegel identificou ao filósofo F. W. J. Schelling (1775 – 1854), deve surgir da filosofia do Idealismo alemão, ou seja, deve ser um produto da autoconsciência e da reflexão do espírito que se debruça sobre si mesmo, ao contrário da mitologia dos antigos, a qual representava uma exteriorização livre do espírito em contato com a natureza circundante.

aguarda ser tocado pelo amor para se transformar num mundo harmônico, como o foram a poesia e a mitologia antigas.[3] Pois mitologia e a poesia são ambas uma só e inseparáveis. Todos os poemas da Antiguidade estão ligados uns aos outros, até o ponto em que um todo se forma a partir de conjuntos e partes cada vez maiores; tudo se encaixa e em toda parte encontra-se um mesmo espírito, apenas expresso de diferentes modos. Assim, não seria uma imagem inteiramente vazia afirmar que a poesia antiga é um poema único, indivisível, perfeito e acabado. Por que razão o que já existiu não poderá existir novamente? De outro modo, claro. E por que não de um modo mais belo e mais grandioso?

Rogo apenas que não deis espaço à descrença na possibilidade de uma nova mitologia. Todas as dúvidas serão bem-vindas, de modo a tornar a investigação mais livre e rica.

E agora prestai atenção às minhas conjecturas. Dado o estado das coisas, não posso oferecer-vos mais que conjecturas. Porém, espero que essas conjecturas possam se tornar realidade, graças a vós mesmos. De certo modo, são propostas para ensaios, caso desejais transformá-las em tais.

Se uma nova mitologia puder se constituir, como que por si mesma, a partir da mais profunda interioridade do espírito, então encontraremos um indício muito significante e uma confirmação notável do que estamos procurando no grande fenômeno da época, o Idealismo! Este surgiu como que do nada, constituindo-se em um ponto firme no mundo do espírito, a partir do qual a força do homem pode se expandir em todas as direções, em um desenvolvimento crescente, com a certeza de jamais perder a si mesma, e nem perder

---

3. Schlegel retoma a *Teogonia,* poema de Hesíodo (séc. VIII a.C.), e o tema do surgimento do mundo e o progressivo caminho da desordem para a ordem.

o caminho de volta. A grande revolução arrebatará todas as artes e ciências. Já podeis vê-la atuando na física, onde o Idealismo irrompeu mais cedo, por si mesmo, na verdade antes que ela fosse tocada pela varinha mágica da filosofia. Ao mesmo tempo, esse feito maravilhoso pode vos dar um indício da ligação secreta e da unidade interna de nossa época. O Idealismo, que do ponto de vista prático nada mais é que o espírito daquela revolução – cujas grandes máximas devemos praticar e difundir por nossa própria força e liberdade – e que, do ponto de vista teórico, por mais que se mostre aqui, é apenas uma parte, um ramo, uma forma de manifestação do fenômeno de todos os fenômenos, a humanidade lutando com todas as suas forças para encontrar seu centro. Tal como as coisas estão, ela deve perecer ou rejuvenescer. O que é mais provável e o que não se pode esperar de tal época de rejuvenescimento? A pálida Antiguidade reviverá novamente e o futuro mais distante da cultura se anunciará em presságios. Porém, não é isso o que me importa agora, pois não gostaria de avançar muito rapidamente, mas conduzir-vos, passo a passo, até a certeza dos mistérios mais sagrados. Assim como a essência do espírito é determinar-se a si próprio, sair de si e retornar a si em eterna alternância; assim como todo pensamento nada mais é do que o resultado de tal atividade, o mesmo processo pode ser visível no todo e em cada grande forma do Idealismo, que é apenas o reconhecimento dessa legislação sobre si; e assim também a nova vida reduplicada por este reconhecimento, que revela maravilhosamente sua força secreta pela profusão ilimitada de novas descobertas, pela comunicabilidade universal e pela viva eficácia. Naturalmente, o fenômeno toma uma forma diferente em cada indivíduo, e muitas vezes o resultado não satisfaz nossas expectativas. Mas isso não deve nos frustrar em relação àquilo que podemos esperar das leis necessárias que regem a marcha do todo. O Idealismo, em qualquer de suas formas, deve sair de si mesmo para poder voltar a si e não deixar de ser o que é.[4] Por isso, um novo realismo igualmente ilimitado deverá e irá brotar de seu seio; assim, o Idealismo se tornará um exemplo para a nova mitologia, não apenas pelo modo de seu surgimento, mas porque será indiretamente uma fonte para ela. Vós podeis observar em toda parte os traços de semelhante tendência, especialmente na física, à qual não parece faltar outra coisa que não uma visão mitológica da natureza.

Eu mesmo já trago há muito tempo o ideal de tal realismo em mim, e se até agora não o comuniquei é porque ainda continuo procurando o órgão apropriado para isso. Sei, porém, que somente será possível encontrá-lo na poesia, pois o realismo jamais poderá surgir sob a forma da filosofia ou de um sistema. E mesmo segundo uma tradição universal é de se esperar que, sendo de origem ideal e tendo, por assim dizer, de partir de um fundamento e solo ideais, ele aparecerá como poesia que deve se apoiar sobre a harmonia do ideal e do real. Ao que parece, Espinosa teve o mesmo destino que o velho e bom Saturno da fábula. Os novos deuses derrubaram o magnífico do alto trono da ciência. Ele se retirou para a sagrada obscuridade da fantasia, onde vive e mora com os outros titãs em venerável exílio. Que seja mantido ali! Que o canto das musas se funda à lembrança de seu

---

4. O "discurso sobre a mitologia" antecipa diversas questões que Schelling desenvolveria desde 1809 até o ano de sua morte, em 1854, em obras como *As idades do Mundo, Introdução à Mitologia, Filosofia da Mitologia* e *Filosofia da Revelação*, que seriam publicadas postumamente. Sobre o realismo e o idealismo na filosofia de Schelling, ver: SCHELLING, F. W. J. *Cartas filosóficas sobre o dogmatismo e o criticismo* (1795). Tradução e notas de Rubens Rodrigues Torres Filho. São Paulo: Editora Abril, 1980.

antigo domínio em suave nostalgia. Que ele se despoje do ornamento bélico do sistema e partilhe com Homero e Dante a morada no templo da nova poesia, juntando-se aos Lares[5] e aos amigos íntimos de todo poeta de inspiração divina.[6] De fato, não consigo compreender como se pode ser poeta sem venerar, sem amar Espinosa e tornar-se inteiramente um dos seus. Vossa fantasia é bem rica na invenção do particular; não há nada mais apropriado para motivá-la, incitá-la à atividade e alimentá-la do que as obras de outros artistas. Em Espinosa, porém, vós encontrareis o começo e o fim de toda fantasia, o fundamento geral e o solo sobre o qual descansa vossa individualidade, e justamente essa separação entre o que é original e eterno da fantasia, e tudo o que é particular e singular, deve vos ser muito bem-vinda. Aproveitai a oportunidade e vede! O que vos é oferecido é um olhar profundo na oficina mais íntima da poesia. O sentimento de Espinosa é da mesma espécie que sua fantasia. Nenhuma suscetibilidade a isto ou a aquilo, nenhuma paixão que infla e depois diminui; mas uma clara fragrância paira sobre o todo, invisivelmente visível,[7] por toda a parte a eterna nostalgia é acolhida nas profundezas daquela obra simples, na qual respira, em silenciosa grandeza, o espírito do amor original.

E não é esse suave reflexo da divindade no homem a própria alma, a centelha do entusiasmo que inflama toda poesia? A mera apresentação de homens, paixões e ações

---

5. Lares eram divindades da religião romana, deuses domésticos protetores do lar e da família.
6. Schelling contempla a obra de arte como a unificação dos dois mundos, o da natureza e o do espírito, por essa razão conclama Espinosa a abandonar o sistema e adentrar a poesia. Nas *Cartas sobre o dogmatismo e o criticismo* o filósofo afirma: "nenhum sistema pode realizar aquela passagem do infinito ao finito". Cf. SCHELLING, F. W. J. Op. Cit., p. 21.
7. No original: *unsichtbar sichtbar.*

não basta, e tão pouco as formas artificiais, mesmo se vós misturásseis e revolvêsseis um milhão de vezes o velho material. Isso é apenas o corpo visível e exterior, e quando a alma se apaga, resta apenas o cadáver da poesia. Mas quando aquela centelha do entusiasmo faísca nas obras, uma nova manifestação surge diante de nós, plena de vida e de bela glória, de luz e de amor.

E o que é toda bela mitologia senão uma expressão hieroglífica da natureza circundante nesta transfiguração de fantasia e amor?

A mitologia tem uma grande vantagem. Aquilo que de outra forma se evade para sempre à consciência, nela pode ser contemplado de um modo sensível e espiritual, e fixado, como a alma, no corpo que a envolve, através do qual ela resplandece em nossos olhos e fala a nossos ouvidos.

Esse é o ponto: diante do que é mais elevado não devemos confiar apenas em nosso sentimento. É claro que em todo aquele no qual essa fonte secou nada mais brotará: esta é uma verdade conhecida, contra a qual não posso me opor. Mas, em toda parte, nós devemos nos associar ao que é formado e cultivado (*Gebildete*), em outras palavras, devemos desenvolver, acender a chama e nutrir o que há de mais elevado, através do contato com o que lhe é semelhante, ou, com a mesma dignidade, com o que lhe é estranho. Se, no entanto, o mais elevado não é suscetível a nenhuma formação deliberada, então devemos renunciar a qualquer pretensão de uma arte de ideias (*Ideenkunst*) que seja livre, pois ela seria apenas um nome vazio.

A mitologia é uma tal obra de arte da natureza.[8] Em seu tecido forma-se, de fato, o que há de mais elevado; tudo é relação e transformação, tudo é formado e transformado, e esse formar e transformar é justamente seu modo peculiar de agir, sua vida interior, seu método, se posso assim dizer. Aqui encontro muita semelhança com aquele grande engenho (*Witz*)[9] da poesia romântica, que não se revela em achados isolados, mas na construção do todo, e que já nos foi tão bem desenvolvido por nosso amigo nas obras de Cervantes e de Shakespeare. De fato, essa confusão ordenada artisticamente, essa encantadora simetria de contradições, essa maravilhosa alternância de entusiasmo e ironia, que vive até mesmo nas menores partes do todo, já me parecem ser uma mitologia indireta. A organização é a mesma, e o arabesco é certamente a forma mais antiga e original da fantasia humana. Nem esse engenho, nem a mitologia podem existir sem algo primordialmente original e inimitável, que é pura e simplesmente indissolúvel, que ainda faz transluzir a antiga natureza e força mesmo depois de todas as metamorfoses, onde a profundidade ingênua faz transparecer o fulgor do que é ao revés e desatinado, simplório e tolo. Pois este é o princípio de toda poesia, suprimir o curso e as leis

---

8. No original: *ein Kunstwerk der Natur*. A referência à "obra de arte da natureza" remete à distinção que Schlegel faz entre *Naturpoesie* (poesia da natureza) e *Kunstpoesie* (poesia artificial), a qual se aproxima (não sendo de todo semelhante) à distinção entre poesia ingênua e poesia sentimental de Schiller. Sobre essa distinção ver: MEDEIROS, Constantino Luz. *A invenção da modernidade literária. Friedrich Schlegel e o romantismo alemão*. São Paulo: Iluminuras, 2018.
9. Devido à ampla gama de significados da palavra alemã *Witz*, optou-se pelo termo "engenho". Assim, busca-se referir a algo que surge espontaneamente, uma intuição rápida, como a velocidade do raio (*Witz-Blitz*), no sentido de um achado engenhoso, algo que ordena o todo, que possibilita uma visão do conjunto ou de uma ideia central, impressão, conceito ou obra.

da "razão que pensa racionalmente"[10], e nos transportar, de novo, para a bela confusão da fantasia, para o caos original da natureza humana, para o qual não conheço até agora símbolo mais belo do que a turba confusa dos deuses antigos. Por que não quereis se erguer e dar nova vida a essas figuras esplêndidas da grande Antiguidade? – Ao menos uma vez, tentai contemplar a antiga mitologia com o espírito inteiramente preenchido por Espinosa e pelas visões que a física atual deve despertar em todo aquele que reflete, e tudo se apresentará a vós com novo brilho e vida.[11]

Mas outras mitologias também precisam ser reanimadas, segundo a medida de sua profundidade, sua beleza e sua formação, a fim de acelerar o surgimento da nova mitologia. Se apenas os tesouros do Oriente nos fossem acessíveis como os da Antiguidade! Que nova fonte de poesia nos poderia fluir da Índia, se alguns artistas alemães, com a universalidade e a profundidade de sentido, com o gênio da tradução que lhes é tão peculiar, tivessem essa chance que uma nação cada vez mais embotada e brutal pouco sabe aproveitar. É no Oriente que devemos buscar o mais altamente romântico, e, se pudermos beber dessa fonte, a aparência de ardor meridional que agora tanto nos encanta

---

10. Schlegel faz um jogo com a palavra razão. No original: *Der vernünftig denkenden Vernunft*.
11. Schlegel emula em seu romance dialógico as considerações do amigo Schelling, em sua filosofia da natureza. Partindo da dicotomia estabelecida por Kant e Fichte entre idealismo e realismo, e, o problema da possibilidade de conhecimento do mundo efetivamente "real", Schelling busca estabelecer uma filosofia da identidade entre o mundo ideal (espírito) e o mundo objetivo (natureza), postulando a possibilidade da aproximação recíproca entre ambos. Sobre esse assunto, ver as obras publicadas na década de 1790, respectivamente *Ideen zu einer Philosophie der Natur* (Ideias sobre a filosofia da natureza, 1797), e *Von der Weltseele* (Sobre a alma do mundo, 1798).

na poesia espanhola, nos parecerá talvez apenas ocidental e parcimoniosa.[12] De um modo geral, é preciso buscar mais de um caminho para alcançar essa meta. Que cada um siga seu caminho com alegre confiança, do modo mais individual possível, pois em nenhum lugar os direitos da individualidade – se o que a palavra significa é verdade, a saber, unidade indivisível, relação interior viva e coesa – valem mais do que aqui, onde o que está em questão é o mais elevado; desse ponto de vista eu não hesitaria em afirmar que o verdadeiro valor, a virtude do homem é sua originalidade.

E se coloco um acento tão grande em Espinosa, isso não ocorre realmente por predileção subjetiva (cujos objetos eu mantive antes expressamente afastados) ou para elevá-lo a senhor de uma nova monarquia absoluta; mas porque, com esse exemplo, pude mostrar da forma mais clara e compreensível meus pensamentos sobre o valor e dignidade da mística e sua relação com a poesia. Por sua objetividade a esse respeito, eu o escolhi como o representante de todos os outros. É o que penso sobre isso. Assim como a *Doutrina da Ciência*,[13] segundo a opinião dos que não compreenderam a infinitude e a inalterável riqueza do Idealismo, permanece sendo ao menos uma forma perfeitamente acabada, um

---

12. Seguindo a tradição inaugurada por Johann Gottfried Herder – em sua defesa das mais diversas manifestações culturais como forma de crítica ao universalismo artificial da *Aufklärung,* e na busca pelo respeito à diversidade, singularidade e cultura dos povos – Schlegel foi um dos primeiros pensadores alemães a propor a valorização do conhecimento sobre a filosofia e a religião hindus. Obras como *Über die Sprache und die Weisheit der Indier* (Sobre a língua e a sabedoria hindus, 1808) demonstram o fascínio de Schlegel pelo sânscrito e pela filosofia oriental, embora suas considerações sobre o hinduísmo revelem a forte influência que a conversão à religião cristã provocou em seu pensamento.
13. Alusão à *Doutrina-da-Ciência* de Fichte.

esquema universal para toda ciência, Espinosa, do mesmo modo, representa o fundamento e a base universal para todo tipo individual de misticismo; e isso, acredito, será prontamente reconhecido até por aqueles que não entendem muito nem de misticismo, nem de Espinosa.

Não posso concluir minha exposição sem novamente exortá-los ao estudo da física, de cujos paradoxos dinâmicos brotam agora, de todas as partes, as mais sagradas revelações da natureza.

Assim, pela luz e pela vida! Não hesitemos mais, ao contrário, que possamos impulsionar, cada um segundo seu sentimento, o grande desenvolvimento para o qual fomos chamados.[14] Sejais dignos da grandeza da época, e a névoa se dissipara ante vossos olhos; o dia se iluminará diante de vós. Todo pensar é uma divinação, mas só agora o homem começa a ter consciência de sua força divinatória.[15] Que ampliações imensas ele ainda experimentará, e mesmo agora! Acredito que quem viesse a entender a época, isto é, o grande processo de rejuvenescimento universal, os princípios da revolução eterna, poderia também compreender os polos da humanidade, identificar e reconhecer a ação dos primeiros homens, assim como o caráter da idade de ouro que ainda

---

14. Frase semelhante é dita por Novalis em um de seus fragmentos: "Estamos numa missão: para a formação da Terra fomos chamados". HARDENBERG, Friedrich von (Novalis). *Fragmentos, diálogos, monólogo*. Tradução de Rubens Rodrigues Torres Filho. São Paulo: Iluminuras, 2009, p. 56, fragmento 32.

15. No famoso fragmento 116 da *Athenäum*, quando desenvolve seu conceito de poesia romântica, universal progressiva, Schlegel afirma que o gênero poético romântico não poderia ser esgotado por nenhuma teoria, e "apenas uma crítica divinatória poderia ousar pretender caracterizar-lhe o ideal". SCHLEGEL, Friedrich. *O dialeto dos fragmentos*. Tradução de Márcio Suzuki. São Paulo: Iluminuras, 1997, p. 64-65, fragmento 116.

virá. Então cessaria o palavrório vazio, e o homem se daria conta do que ele é, compreendendo a terra e o sol.
É isso o que entendo por uma nova mitologia.

***

Antônio. Durante sua preleção me lembrei de duas observações que tenho ouvido com frequência, e que agora ficaram bem mais claras do que antes. Os idealistas me asseguravam em toda parte que Espinosa é realmente bom, embora completamente incompreensível. Nos escritos críticos constatei, ao contrário, que toda obra do gênio, apesar de clara para o olho, permanece eternamente um mistério para o entendimento. Segundo sua visão, essas duas afirmações estão correlacionadas, e me deleito sinceramente com sua involuntária simetria.

Lotário. Gostaria que nosso amigo nos explicasse por que ele parece ter nomeado quase exclusivamente a física, enquanto em toda parte tacitamente se fundava na história, que poderia muito bem ser, tanto quanto a física, a verdadeira fonte de sua mitologia, se nos é permitido usar um nome antigo para algo ainda inexistente. Entretanto, em minha opinião, sua visão de nossa época me parece algo que merece o nome de uma visão histórica.

Ludovico. Começamos por aquilo em que percebemos os primeiros sinais da vida. Isso ocorre agora na física.[16]

Marcus. Avançaste muito rápido em tua exposição. Quase pedi que te detivesse para me dar explicações sobre alguns pontos específicos. Mas, no conjunto, tua teoria me

---

16. Por "física", Ludovico quer dizer a filosofia da natureza, o que remete às citadas obras de Schelling.

deu uma nova visão sobre o gênero didático, ou, como nosso filólogo o denomina, sobre o gênero didascálico. Compreendo, finalmente, como esse nó de todas as classificações até agora realizadas pertence necessariamente à poesia. Pois, indiscutivelmente, a essência da poesia é justamente essa visão mais elevada e ideal das coisas, tanto do homem como da natureza exterior. É compreensível que, ao desenvolvê-la, possa ser vantajoso isolar também essa parte essencial do todo.

Antônio. Não posso admitir que a poesia didática seja considerada um gênero propriamente dito, assim como não o é a poesia romântica. Todo poema deve ser propriamente romântico, e didático naquele sentido mais amplo da palavra, em que ela designa a tendência a um sentido profundo e infinito. Exigimos o mesmo em toda parte, mesmo sem empregar o nome. Exigimos ironia até nos gêneros inteiramente populares, como, por exemplo, no espetáculo teatral; exigimos que os acontecimentos, os seres humanos, em resumo, todo o jogo da vida seja realmente apreendido e exposto também como um jogo. Isso nos parece o mais essencial, e tudo não se encontraria aí? Nós nos atemos apenas ao significado do todo; aquilo que excita, emociona, ocupa e apraz os sentidos, o coração, o entendimento e a imaginação, nos parece apenas um sinal, um meio para a intuição do todo, no instante em que nos elevamos até ele.

Lotário. Todos os jogos sagrados da arte são apenas imitações distantes do jogo infinito do mundo, da obra de arte que eternamente forma a si mesma.

Ludovico. Noutras palavras: toda beleza é alegoria. O que há de mais elevado, justamente por ser inefável, só pode ser dito alegoricamente.

Lotário. Por isso, os mistérios mais íntimos de todas as artes e ciências pertencem à poesia. Tudo saiu de lá e para lá deve voltar. Num estado ideal da humanidade só haveria poesia; ou seja, as artes e as ciências seriam então uma coisa só. Na nossa situação, somente o verdadeiro poeta seria um homem ideal e um artista universal.

Antônio. Ou a comunicação e exposição de todas as artes e ciências não podem ocorrer sem um componente poético.

Ludovico. Sou da opinião de Lotário, de que a força de todas as artes e ciências se encontra num ponto central, e espero, pelos deuses, poder tirar até mesmo da matemática alimento para vosso entusiasmo e inflamar-vos o espírito com as suas maravilhas. No entanto, dei preferência à física também porque aqui o contato é o mais visível. A física não pode fazer experimento algum sem hipótese; toda hipótese, mesmo a mais limitada, se é pensada de forma consequente conduz a hipóteses sobre o todo, apoiando-se, na verdade, nestas, mesmo que aquele que as emprega não tenha consciência disso. É, de fato, maravilhoso como a física, quando não se ocupa de fins técnicos, mas de resultados gerais, deságua, sem sabê-lo, em cosmogonia, em astrologia, em teosofia, ou como quiserdes chamá-lo, em suma, numa ciência mística do todo.

Marcus. E Platão não deve ter tido menos consciência disso que Espinosa, o qual, por sua forma bárbara, me é insuportável.

Antônio. Supondo-se que Platão também fosse – mas não é – tão objetivo a esse respeito quanto Espinosa, assim, foi melhor que nosso amigo tenha escolhido este último para nos mostrar a fonte original da poesia nos mistérios do realismo, justamente porque nele não se pode pensar em nenhuma poesia da forma. Para Platão, ao contrário, a apresentação, sua perfeição e sua beleza, não são meios, mas fins em si. Por isso, sua forma já é, a rigor, inteiramente poética.

Ludovico. Eu disse no próprio discurso que mencionava Espinosa apenas como representante. Se quisesse me estender mais, teria tratado também do grande Jakob Böhme.[17]

Antônio. Com o qual tu poderias mostrar se as ideias sobre o universo na forma cristã tomam uma configuração pior do que as antigas formas que queres reintroduzir.

Andrea. Peço que se mantenha o respeito para com os antigos deuses.

Lotário. E eu peço para que nos lembremos dos *Mistérios de Elêusis*.[18] Eu gostaria de ter colocado minhas ideias sobre isso no papel, de modo a apresentá-las com a ordem e detalhamento que a dignidade e a importância do tema exigem. Foi somente através dos vestígios dos *Mistérios* que aprendi a compreender o sentido dos antigos deuses. Suponho que a visão da natureza que ali predominava acenderá uma grande luz aos investigadores de agora, se já estiverem maduros para isso.

Foi somente seguindo os traços dos Mistérios que aprendi a entender o sentido dos deuses antigos. Presumo que a visão da natureza que ali predominava acenderá uma grande luz aos investigadores de hoje, se já estiverem maduros para ela.

A mais ousada e poderosa, eu quase diria a mais selvagem e furiosa representação do realismo é a melhor. Lembra-me, Ludovico, de te mostrar oportunamente o fragmento órfico que começa pelo duplo sexo de Zeus.[19]

---

17. Jakob Böhme (1575-1624), filósofo místico. Exerceu grande influência no Idealismo e no Romantismo.
18. Ritos de iniciação às deusas agrícolas Deméter e Perséfone em Elêusis, cidade próxima a Atenas.
19. Em alemão, *dem doppelten Geschlecht des Zeus*.

Marcus. Recordo-me de uma alusão a isso em Winckelmann, a qual me faz supor que ele estimava esse fragmento tanto quanto tu.

Camila. Não seria possível que tu, Ludovico, pudesses expor o espírito de Espinosa numa bela forma; ou, melhor ainda, tua própria visão do que chamas de realismo?

Marcus. Eu preferiria o último.

Ludovico. Quem pretendesse algo assim, poderia fazer ao modo de Dante, e querer ser como ele. E como Dante, deveria ter apenas um poema em seu espírito e em seu coração, e muitas vezes se desesperaria por não saber como expressá-lo. Mas se o conseguisse, teria feito o bastante.

Andrea. Tu mencionas um modelo admirável! Certamente Dante foi o único que, sob algumas circunstâncias favoráveis e uma quantidade indizível de outras desfavoráveis, inventou e desenvolveu inteiramente só, com sua força gigantesca, uma espécie de mitologia, tal como então era possível.

Lotário. Na verdade, toda obra deve ser uma nova revelação da natureza. Apenas na medida em que é uma e também tudo, é que uma obra se torna uma obra. Somente por isso ela se distingue de um estudo.

Antônio. Gostaria de indicar-te alguns estudos, que, segundo esse teu ponto de vista, também seriam obras.

Marcus. E acaso os poemas preparados para produzir um efeito exterior, por exemplo, obras dramáticas excelentes, desde que não sejam tão místicas e nem pretendam abarcar tudo, não se distinguiriam – já por sua própria objetividade – de estudos, os quais se dirigem em primeiro lugar ao aprimoramento interior do artista, e cujo propósito final é preparar aquele efeito objetivo sobre o mundo exterior?

Lotário. Se forem simplesmente bons dramas, são apenas meios para o fim; falta-lhes a autonomia, o perfeito acabamento interno, para o qual não encontro outra palavra a não ser obra, e, por isso, gostaria de reservá-la para esse uso. Em comparação com o que Ludovico tem em mente, o drama é apenas uma poesia aplicada. Mas o que concebo como obra pode ser muito bem, num caso particular, objetivo e dramático, segundo tua perspectiva.

Andrea. Desse modo, entre os gêneros antigos apenas no épico seria possível uma obra no grande sentido que tens em mente.

Lotário. A observação é correta, uma vez que na épica uma obra também costuma ser única. As obras trágicas e cômicas dos antigos, ao contrário, são apenas variações, diferentes expressões de um só e mesmo ideal. Mas elas continuam sendo os modelos supremos para a estruturação sistemática, a construção e a organização, são, se posso assim dizer, as obras entre as obras.

Antônio. A contribuição que posso dar ao banquete é um prato um pouco mais leve. Amália já me perdoou e permitiu que tornasse públicas as lições especialmente destinadas a ela.

Carta sobre o romance

Cara amiga, preciso retirar o que ontem pareci dizer em tua defesa, e discordar de ti em tudo! Tu mesma admitiste, ao final da discussão, que apenas te envolveste tão apaixonadamente nela porque, em tua opinião, é contrário à dignidade feminina descer do elemento inato do gracejo e da poesia eterna para a pesada seriedade dos homens, tal como corretamente enunciaste. Concordo contigo, contra ti mesma, que não tens razão. E afirmo, além disso, que não basta reconhecer que não tens razão, é preciso que faças uma penitência, e a penitência mais apropriada por haver desonrado a crítica é ter a paciência de ler essa epístola crítica sobre o assunto de ontem.

Eu poderia ter dito ontem mesmo o que quero dizer agora; na verdade, em virtude de meu estado de ânimo e das circunstâncias, não pude fazê-lo. Com qual adversário tu lidavas, Amália? Ele certamente deve entender muito bem do assunto de nossa conversa, como é de se esperar de um virtuoso. E seria capaz de falar tão bem sobre o assunto quanto qualquer outro, se acaso tivesse o dom da palavra. Mas isso lhe foi negado pelos deuses. Como já disse, ele é um virtuoso, nada mais; infelizmente, as Graças lhe faltaram. Como não fazia a menor ideia do que tu em teu íntimo querias dizer, e como aparentemente a razão estava toda do lado dele, não me restava senão defender-te com todas as minhas forças, apenas com o intuito de que o equilíbrio do grupo não fosse totalmente destruído. Além disso, quando não há outra opção, para mim é mais natural dar lições escritas que orais, as quais, segundo meu sentimento, profanam a sacralidade do diálogo.

Nossa conversa começou quando afirmaste que os romances de Friedrich Richter não seriam romances, mas uma mistura colorida de todo tipo de engenho doentio.[1] Disseste que as poucas histórias são tão mal apresentadas, que, para passar por histórias, seria preciso adivinhá-las. E que mesmo que se quisesse tomá-las em conjunto e simplesmente narrá-las, na melhor das hipóteses o que resultaria seriam confissões! A individualidade do homem é visível demais e, ainda por cima, que individualidade!

Deixo de lado essa última parte por se tratar de uma questão individual. Concordo contigo quanto à mistura colorida de todo tipo de engenho doentio, mas, tomando-a em defesa, afirmo decididamente que tais grotescos e confissões são os únicos produtos românticos de nossa época não romântica.

Permite-me desabafar nesse momento o que há muito tempo trago guardado em meu coração.

Frequentemente tenho visto, com espanto e indignação, o criado trazer-te um monte de livros. Como te atreves a tocar com tuas mãos naqueles volumes imundos? Como podes permitir que tal palavrório informe e confuso adentre teus olhos e alcance o sagrado santuário de tua alma? Entregar tua fantasia, por horas a fio, a pessoas com as quais te envergonharias de trocar até mesmo uma palavra pessoalmente. De fato, isso não serve para absolutamente nada, a não ser para matar o tempo e arruinar a imaginação! Tu leste quase todos

---

1. No original: *kränklicher Witz*.

os livros ruins, desde Fielding[2] até La Fontaine.[3] Pergunte a ti mesma o que ganhaste com isso. Tua própria memória desdenha dessas coisas desprezíveis, que um costume fatal de tua juventude acabou transformando em necessidade, e tudo que com tanto empenho se aprende, logo depois é totalmente esquecido.

No entanto, talvez ainda te lembres de que houve um tempo em que amavas Sterne,[4] e te encantavas em imitá-lo, adotando ironicamente os trejeitos e a maneira dele. Ainda possuo algumas de tuas graciosas cartinhas desse tipo, que guardarei cuidadosamente. O humor de Sterne causou-te certa impressão; mesmo que não fosse uma forma idealmente bela, pelo menos era uma forma espirituosa, que conquistou tua fantasia; e uma impressão inesquecível, que permanece tão marcada em nós que podemos utilizá-la e configurá-la seja para o gracejo ou para a seriedade; e o que pode ter um valor mais alto do que aquilo que, de alguma maneira, estimula e alimenta nossa formação interior?

Tu mesma sentes que tua diversão com o humor de Sterne era pura, e de uma natureza inteiramente distinta daquela curiosidade que frequentemente nos suscita um livro ruim no mesmo instante em que o encontramos. Ora, pergunta a ti mesma se teu deleite não se parecia com aquele que sentimos quando observamos as engenhosas pinturas

2. Henry Fielding (1707-1754), romancista inglês, autor de *Tom Jones*. De acordo com Ian Watt, ao lado de Daniel Defoe e Samuel Richardson, um dos responsáveis pela ascensão do romance no século XVIII inglês. Sobre esse assunto, ver: WATT, Ian. *A ascensão do romance. Estudos sobre Defoe, Richardson e Fielding*. Tradução de Hildegard Feist. São Paulo: Cia das Letras, 2007.
3. Jean de La Fontaine (1621-1695), poeta e fabulista francês.
4. Lawrence Stern (1713-1768), romancista irlandês e pregador anglicano. É autor de *A vida e as opiniões do cavaleiro Tristam Shandy* (1759).

decorativas que chamamos de arabescos.⁵ Se não consegues te libertar completamente do interesse pela sensibilidade de Sterne, envio-te aqui um livro – não sem antes te advertir para ser cautelosa com estranhos – que tem o azar ou a sorte de ser um pouco mal afamado. É o Fatalista, de Diderot.⁶ Creio que te agradará, e que tu encontrarás nele uma riqueza de engenho completamente livre de acréscimos sentimentais. É uma obra concebida com inteligência, e executada com mão segura.⁷ Sem exagerar, posso chamá-la de uma obra de arte. Naturalmente, não se trata de poesia elevada, mas apenas de um arabesco. Mas é exatamente por isso que, a meu ver, as pretensões da obra não são pequenas; pois considero o arabesco uma forma totalmente determinada e essencial ou um modo de exteriorização da poesia.⁸

Assim penso a questão: a poesia está tão profundamente arraigada no homem que, mesmo nas condições mais adversas, continua sempre crescendo de um modo espontâneo. Assim como entre quase todo povo circulam canções e histórias ou algum tipo de obra dramática, ainda que rudimentar, também em nossa época não fantástica alguns indivíduos instruídos ou cultos sentiram e expressaram, nos extratos próprios da prosa, uma estranha originalidade da

---

5. No original: *witzigen Spielgemälde, die man Arabeske nennt.*
6. Denis Diderot (1713-1784), filósofo, crítico e escritor francês, um dos autores da *Enciclopédia*. Publicou *Jacques o Fatalista e seu Mestre* em 1796.
7. Frase semelhante é utilizada por Schlegel em sua obra *Relato sobre as obras poéticas de Giovanni Boccaccio*: "Quando se lê o *Decamerão* com atenção, vê-se não apenas um talento resoluto, uma mão exercitada e segura". SCHLEGEL, Friedrich. *Relato sobre as obras poéticas de Giovanni Boccaccio*. Tradução de Constantino Luz de Medeiros. São Paulo: Humanitas/USP, 2015.
8. Schlegel concebe os arabescos como uma das mais antigas formas de imaginação criativa, e de engenho (*Witz*). Sobre esse assunto, ver a apresentação da presente tradução.

fantasia, embora ainda se encontrassem muito distantes da verdadeira arte. O humor de um Swift,[9] de um Sterne, me parece, é a poesia natural (*Naturpoesie*) das camadas mais altas de nossa época. Estou bem distante de querer colocá-los ao lado daqueles grandes; mas tu hás de convir comigo que, quem tem sensibilidade para estes, e para Diderot, já está num caminho melhor para aprender a compreender o engenho divino e a fantasia de um Ariosto, Cervantes, ou Shakespeare, do que aquele que ainda não se elevou nem a isso. Nesse aspecto, não devemos exigir demais dos homens da época presente, pois o que cresceu em condições tão doentias não pode naturalmente ser outra coisa que doentio. Considero, todavia, antes uma vantagem que o arabesco não seja uma obra de arte, mas apenas um produto natural e, por isso, coloco Richter[10] também acima de Sterne, porque sua fantasia é bem mais doentia, ou seja, mais maravilhosa e fantástica. Peço que releias Sterne. Já faz algum tempo que tu não o lês, e penso que te parecerá um pouco diferente de antes. Compara-o então com nossos autores alemães. Ele realmente tem mais engenho, ao menos para aquele que o entenda engenhosamente; pois aqui ele poderia facilmente ser injusto consigo mesmo. Mas, por essa vantagem, já como se manifesta, sua sentimentalidade se eleva acima da esfera do sentimentalismo inglês.

9. Jonathan Swift (1667-1745), escritor irlandês, autor do romance *As viagens de Gulliver* (1726). Embora Schlegel não aprecie a representação exageradamente "realista" de Richardson, Fielding e outros romancistas ingleses e irlandeses, para o pensador a prosa do romance é a "poesia natural", isto é, a exteriorização por excelência de sua época.
10. Friedrich Richter (1763-1825), romancista romântico, adotou o pseudônimo de Jean Paul.

Temos ainda um motivo externo para formar em nós esse sentido para o grotesco e nos manter nesse estado de ânimo. É impossível, nessa época de livros, não ter de folhear e até mesmo de ler muitos, muitíssimos livros ruins. Felizmente, alguns desses livros pertencem à categoria do ridículo (disso podemos estar seguros) e, portanto, depende apenas de nós achá-los divertidos, desde que os consideremos como produtos chistosos da natureza. Querida amiga, Laputa[11] ou não está em parte alguma, ou está em toda parte; basta um ato de nosso arbítrio e de nossa fantasia para estarmos no meio dela. Quando a tolice atinge certo nível, como a que vemos atingir agora, então tudo pode ser visto com mais clareza, e observamos nitidamente como ela se assemelha, em seu aspecto externo, à loucura. E a loucura, tu hás de convir, é o que de mais amável o homem pode imaginar, o verdadeiro e último princípio de tudo o que é divertido. Nesse estado de espírito, acontece frequentemente de eu irromper sozinho em gargalhadas durante a leitura de livros que não parecem, de maneira nenhuma, destinados a produzir tal efeito. E é justo que a natureza me dê essa compensação, porque não posso absolutamente rir de muita coisa chamada hoje de chiste ou sátira. Em contrapartida, gazetas eruditas, por exemplo, se convertem em farsas, e aquela que se denomina *Universal*,[12] representa para mim o mesmo que o teatro de marionetes para os vienenses. Do meu ponto de vista, ela não apenas é a mais variada de todas, mas também a mais incomparável, sob todos os aspectos:

11. Referência à ilha voadora das *Viagens de Gulliver*, de Jonathan Swift, na qual os habitantes apenas se ocupavam com a matemática, astrologia e música.
12. Schlegel faz alusão à *Allgemeine Literaturzeitung* (Revista de literatura universal), editada por Schiller em Iena.

pois, tendo descido da nulidade a uma certa banalidade e, desta, a uma espécie de embotamento, acabou por fim, caindo na insensata estupidez.

Em seu todo, isso é um prazer demasiadamente erudito para ti. Mas se quiseres dar um novo sentido àquilo que, todavia, tu já não podes abdicar, então não repreenderei mais o criado quando ele te trouxer aquelas pilhas de livros da biblioteca de empréstimos (*Leihbibliothek*).[13] Sim! Ofereço-me para ser teu encarregado nessas ocupações, prometendo-te enviar um grande número das mais belas comédias em todos os âmbitos da literatura.

Retomo o fio da conversa: pois estou decidido a não te fazer nenhuma concessão, mas a seguir passo a passo cada uma de tuas afirmações.

Também acusaste Jean Paul, de uma maneira quase desdenhosa, de ser sentimental.

Quisessem os deuses que o fosse no sentido em que tomo a palavra, e como devo tomá-la, segundo sua origem e natureza. Pois, de acordo com minha visão e meu modo de falar, romântico é precisamente o que nos expõe uma matéria sentimental numa forma fantástica. Esquece por um instante o significado habitual e pejorativo de sentimental, sob cuja denominação se entende quase tudo que comove

13. A *Leihbibliotek* (biblioteca de empréstimos) surge no século XVIII, como as sociedades de leitura (*Lesegesellschaften*). De acordo com Thomas Sirges, as primeiras bibliotecas de empréstimo eram comerciais, isto é, cobravam uma pequena taxa de seus leitores, passando, depois, à esfera pública. Essas bibliotecas foram muito importantes, ao lado das sociedades de leitura, para a chamada "revolução da leitura" que ocorreu nos séculos XVIII e XIX na Europa. Em anúncio do ano de 1753 sobre a venda de obras francesas, o impressor e vendedor de livros Jean Pierre Valescure afirma que "empresta os mesmos livros mensalmente". Cf. SIRGES, Thomas. *Die Bedeutung der Leihbibliotek für die Lesekultur in Hessel-Kassel 1753-1866*. Berlin: De Gruyter, 1994, p. 15.

de uma forma trivial, o que é lacrimoso, e cheio daqueles sentimentos familiares de nobreza, em cuja consciência indivíduos sem caráter se sentem tão indescritivelmente felizes e grandes.

Pensa antes em Petrarca ou em Tasso, cujo poema, comparado ao *romanzo* mais fantástico de Ariosto, bem poderia ser chamado de sentimental; e não recordo outro exemplo no qual o contraste seja tão claro e a preponderância de um sobre o outro tão decisiva como aqui.

Tasso é mais musical, e o pitoresco em Ariosto não é, com certeza, o que há de pior. A pintura já não é tão fantástica como foi outrora em sua grande época, nos mestres da escola veneziana, e, se posso confiar em meu sentimento, também em Correggio, e talvez não apenas nos arabescos de Rafael. Já a música moderna, ao contrário, no que diz respeito à força humana que a domina, permaneceu no todo tão fiel a seu caráter, que posso sem medo chamá-la de uma arte sentimental.

O que é, então, esse sentimental? O que nos interpela, onde domina o sentimento, não exatamente o sentimento sensível, mas o espiritual. A fonte e a alma de todas essas emoções é o amor, e na poesia romântica o espírito do amor deve pairar por toda parte, invisivelmente visível;[14] é isso o que aquela definição deve indicar. As paixões galantes, das quais não conseguimos escapar nas poesias dos modernos, do epigrama à tragédia, como se queixa jocosamente Diderot no *Fatalista*, são justamente o que há de menos importante nele ou, antes, elas não são sequer a letra exterior daquele espírito, por vezes não sendo nada ou algo bastante desagradável e frio. Não, ele é o sopro sagrado que nos comove

14. Em alemão, *unsichtbar sichtbar*.

nos sons da música. Ele não se deixa apanhar violentamente, nem agarrar mecanicamente, mas pode ser amistosamente atraído pela beleza fugaz e nela se envolver; e também as palavras mágicas da poesia podem ser penetradas e animadas por sua força. Mas no poema em que ele não esteja ou não possa estar presente em todas as partes, ele certamente não estará presente de modo algum. Ele é uma essência infinita, e seu interesse não se prende ou se sujeita de forma alguma apenas às pessoas, aos acontecimentos, situações e inclinações individuais: para o verdadeiro poeta, por mais intimamente que sua alma o possa abranger, tudo isso é apenas alusão ao mais elevado e infinito, hieróglifo do amor único e eterno e da sagrada plenitude de vida da natureza formadora.

Apenas a fantasia pode compreender o enigma desse amor e apresentá-lo como enigma; e esse caráter enigmático é a fonte do fantástico na forma de toda apresentação poética. A fantasia se esforça com todas as suas forças para se exteriorizar, mas o divino só pode se comunicar e se exteriorizar, de forma indireta, na esfera da natureza. Por isso, no mundo das aparências, apenas o que chamamos de engenho permanece como remanescente do que originalmente era a fantasia.

Todavia, há algo mais no significado de sentimental, justamente o que diz respeito ao traço principal da poesia romântica em oposição à poesia antiga. Nesta, não se leva de modo algum em conta a diferença entre aparência e verdade, entre jogo e seriedade. Aí está a grande diferença. A poesia antiga associa-se integralmente à mitologia, e evita até mesmo a matéria propriamente histórica. Mesmo a tragédia antiga é um jogo, e o poeta que retratasse um acontecimento verdadeiro, que dissesse respeito a todo o

povo seria punido. A poesia romântica, ao contrário, se assenta totalmente sobre um fundamento histórico, muito mais do que se sabe ou se acredita. O melhor drama que tu possas assistir, qualquer narrativa que leias, se neles há uma intriga espirituosa, tu podes ter quase certeza de que em seu fundamento há uma história verdadeira, ainda que por diversas vezes modificada. Quase tudo em Boccaccio foi retirado de histórias verdadeiras, assim como as outras fontes das quais provém toda invenção romântica.
Destaquei uma característica específica da oposição entre o antigo e o romântico. Peço-te, entretanto, que não suponhas precipitadamente que para mim romântico e moderno signifiquem exatamente o mesmo. Considero que são coisas tão distintas entre si, como as pinturas de Rafael e Correggio são das gravuras em cobre que estão tão na moda hoje em dia. Se queres ter clareza sobre essa diferença, por favor, lê Emilia Galotti,[15]obra indescritivelmente moderna e, todavia, nem um pouco romântica, e lembra também de Shakespeare, no qual eu gostaria de situar o verdadeiro centro, o núcleo da fantasia romântica. É aí que procuro e encontro o romântico, nos modernos mais antigos, em Shakespeare, Cervantes, na poesia italiana, na época dos cavaleiros, do amor e dos contos de fadas (*Märchen*), de onde derivam a coisa e a própria palavra.[16] Isso é tudo o que, até o momento, pode servir

15. Drama burguês em cinco atos de Gotthold Ephraim Lessing, encenado no ano de 1772.
16. Schlegel remete às várias derivações da palavra "romântico": as diversas línguas românticas, as traduções do latim para essas línguas (daí os verbos *enromancier, romançar, romanzare*), as obras escritas nas línguas românicas, ou seja, os livros (que se chamavam *romanz, romant, roman, romance*), entre outras acepções do termo. Sobre esse assunto, ver: MEDEIROS, Constantino Luz. *A invenção da modernidade literária. Friedrich Schlegel e o romantismo alemão*, op. Cit., 2018, p. 142.

de contraponto à poesia da Antiguidade clássica; apenas essas flores eternamente frescas da fantasia são dignas de coroar as antigas imagens dos deuses. E com toda certeza, o que há de mais excelente na poesia moderna tende para lá, seja de acordo com o espírito ou mesmo de acordo com sua forma; seria preciso, então, um retorno aos antigos. Assim como nossa arte poética começou com o romance, a poesia dos gregos começou com a épica e também nela novamente se dissolveu.

A única diferença é que o romântico não é tanto um gênero, quanto um elemento da poesia, que pode dominar ou ceder, em maior ou menor grau, mas nunca deve faltar completamente. Na minha opinião, o que deve ficar claro para ti é que exijo que toda poesia seja romântica, e as razões dessa exigência, embora despreze o romance, na medida em que pretende ser um gênero particular.

Ontem, quando a discussão ficou mais animada, tu pediste uma definição do romance, como se já soubesses que não receberias uma resposta satisfatória. Não acredito que o problema seja insolúvel. Um romance é um livro romântico. Tu considerarás que isso não passa de uma tautologia que não diz nada. Mas quero primeiro chamar tua atenção para o fato de que, quando pensamos num livro, pensamos numa obra, num todo autônomo. Além disso, há um contraste muito forte com o drama, pelo fato de que este é composto para ser visto, enquanto o romance, desde os tempos mais antigos, foi destinado à leitura, e daí podem ser deduzidas quase todas as diferenças no modo de apresentação de ambas as formas. O drama também deve ser romântico, como toda poesia; mas um romance apenas pode sê-lo sob certas restrições, como romance aplicado. Em contrapartida, o contexto dramático de uma história não é suficiente para fazer de um romance um todo, uma obra; ele apenas consegue isso através da relação da composição toda com uma unidade superior àquela da letra – da qual ele pode ou não se afastar – assim como através do elo existente entre as ideias, e de um centro espiritual.

Afora isso, há tão pouca oposição entre drama e romance que se poderia afirmar que o drama considerado e tratado de maneira tão profunda e histórica, como o fez Shakespeare, é o verdadeiro fundamento do romance. Afirmaste que o romance teria sobretudo um parentesco com o gênero narrativo e épico. Mas, ao contrário, devo lembrar-te que uma canção pode ser tão romântica quanto uma história. Pois, não posso conceber o romance senão como uma mistura de narrativa, canção e outras formas. Cervantes jamais compôs de outra maneira, e até mesmo o próprio Boccaccio, geralmente tão prosaico, adornou sua coleção de novelas com uma guarnição de canções. Se existe um romance no qual isso não ocorre ou não pode ocorrer, tal se deve somente à individualidade da obra, e não ao caráter do gênero; seria, então, uma exceção a esse caráter do gênero. Mas isso é apenas preliminar. Minha verdadeira objeção é a seguinte: não há nada que se contraponha mais ao estilo épico do que quando as influências da própria disposição individual se tornam minimamente visíveis; para não falar do entregar-se ao próprio humor, do jogar com ele, como acontece nos romances mais primorosos.

Depois, tu esqueceste novamente tua proposição inicial ou quiseste abrir mão dela, e preferiste afirmar que todas essas divisões não levam a nada; que existe apenas uma poesia, que o importante é apenas se algo é belo; e que somente um pedante se importaria com rubricas. Tu sabes o que penso das classificações que andam tão em voga. Mas concordo contigo que é muito importante para todo virtuoso limitar-se a um fim determinado; e na investigação histórica encontro diversas formas originais que não se deixam reduzir umas às outras. No próprio âmbito da poesia romântica, até mesmo as novelas e os contos de fadas (*Märchen*) parecem-me infinitamente contrapostos, se me permites expressá-lo assim. E não desejaria outra coisa a não ser que um artista pudesse renovar cada um desses gêneros, reconduzindo-os a seu caráter original.

Se tais exemplos viessem à luz, eu criaria coragem para compor uma *teoria do romance*[17] que fosse uma teoria no sentido original da palavra: uma intuição espiritual do objeto, com o ânimo completamente tranquilo e sereno, como convém para contemplar, com festiva alegria, o jogo significativo das imagens divinas. Tal teoria do romance teria de ser ela mesma um romance, que restituísse fantasticamente cada tonalidade eterna da fantasia, emaranhando mais uma vez o caos do mundo da cavalaria. Ali os seres antigos viveriam sob novas figuras; ali, a sombra sagrada de Dante se reergueria de seu mundo subterrâneo, Laura passearia celestialmente diante de nós, Shakespeare e Cervantes entabulariam conversas íntimas – e Sancho poderia novamente gracejar com Don Quixote.

Estes seriam verdadeiros arabescos, que, ao lado das confissões, como afirmei no início de minha carta, são os únicos produtos naturais românticos de nossa época.

O fato de eu também incluir as confissões não te causarás mais estranheza, quando tiveres concordado que o fundamento de toda poesia romântica são histórias verdadeiras; e, se acaso tu refletires sobre o assunto, facilmente te darás

---

17. Itálico de Schlegel.

conta e te convencerás de que o que há de melhor nos romances nada mais é do que uma confissão de si mesmo, mais ou menos velada do autor, o produto de sua experiência, a quintessência de sua individualidade. Todos os chamados romances aos quais não se aplique, de modo algum, minha ideia de forma romântica, eu os aprecio exatamente pela quantidade de intuição própria e de vida representada que contenham; de acordo com essa perspectiva, até mesmo os sucessores de Richardson[18] poderiam ser incluídos, ainda que tenham trilhado um caminho equivocado. De uma obra como *Cecília Beverley*[19] aprendemos ao menos como as pessoas se entediavam em Londres, na época em que isso era uma moda, e também como uma dama britânica desmaiava de tanta delicadeza, e caia ao chão a se lastimar; em Fielding, o praguejar, os *squires*[20] e similares parecem ter sido subtraídos à vida, e o *Wakefield*[21] nos proporciona um olhar profundo da visão de mundo de um vigário do campo; esse seria talvez o melhor de todos os romances ingleses, se, ao final, Olivia reencontrasse sua inocência perdida.

Mas com que parcimônia e a conta-gotas todos esses romances distribuem um pouco do real! E qual descrição de viagens, coletânea de cartas, autobiografia, não seria um

18. Como foi dito, Schlegel reprova a representação "realista" e direta dos autores ingleses como Defoe, Richardson e Fielding por entender que a representação indireta (e alegórica) seria o caminho através do qual as formas épico-narrativas modernas manteriam a objetividade e a distância estética que a epopeia antiga havia alcançado.
19. Romance de Fanny Burney (1752-1840), romancista inglesa, autora de obras de sucesso no século XVIII, como *Evelina* (1778), *Cecilia* (1782) e *Camilla* (1796). A autora exerceu grande influência, assim como Samuel Richardson, em Jane Austen.
20. Escudeiros, aqueles que acompanham as damas. Em inglês no original.
21. *O vigário de Wakefield*, romance de Oliver Goldsmith (1728-1774).

romance melhor do que o melhor dentre eles, para quem os lê com uma disposição romântica?

Ao trilhar a via do ingênuo, as confissões[22] acabam caindo por elas mesmas quase sempre no arabesco, onde, na melhor das opções, aqueles romances se elevam ao final, quando os comerciantes falidos recebem novamente dinheiro e crédito, e todos os pobres coitados recebem outra vez o que comer, quando os amáveis patifes se tornam honestos, e as mocinhas perdidas voltam a ser virtuosas.

As *Confissões* de Rousseau são, em minha opinião, um romance excelente; já a *Heloísa* é um romance apenas medíocre.[23]

Envio-te a autobiografia de um homem famoso que tu até onde sei, ainda não conheces: as *Memórias* de Gibbon.[24] É um livro infinitamente culto e infinitamente divertido. Ele atenderá tuas expectativas, e o romance cômico que nele encontramos está quase inteiramente pronto. Através da dignidade desse período histórico, verás diante de teus olhos, como sempre desejaste, o inglês, o *gentleman*, o virtuoso, o erudito, o solteirão, e o elegante de bom tom em toda sua delicada insensatez.[25] Certamente é possível encontrar muitos livros ruins, e muitos homens insignificantes antes de se deparar com tanta matéria reunida para o riso.[26]

22. Referência ao gênero confessional em geral.
23. Schlegel aborda as duas obras de Jean-Jacques Rousseau, *As Confissões* (1782), e *Julia ou a Nova Heloísa* (1761).
24. Edward Gibbon (1737-1794), historiador inglês, autor de *História do declínio e queda do Império Romano* (1776). Schlegel se refere provavelmente ao escrito autobiográfico de Gibbon, *Memórias de minha vida e escritos,* publicada em um volume intitulado *Diversos trabalhos de Edward Gibbon,* em 1796.
25. Em alemão, *den Elegant vom guten Ton in seiner ganzen zierlichen Lächerlichkeit.*
26. Aqui termina a parte do texto de *Conversa sobre a poesia* publicada no número 5 da revista *Athenäum*. A continuação aparece no sexto e último número da revista.

Depois que Antônio leu essa epístola, Camila começou a elogiar a bondade e a indulgência das mulheres, já que Amália não tinha desdenhado em aceitar tamanha quantidade de ensinamentos; e que, em geral, as mulheres seriam um modelo de modéstia, ao permanecer sempre pacientes e, o que queria dizer ainda mais, sérias diante da seriedade dos homens, pondo até certa fé no caráter artístico deles. "Se por modéstia tu entendes essa fé", acrescentou Lotário, "essa pressuposição de excelência que nós mesmos ainda não possuímos, mas cuja existência e dignidade começamos a suspeitar, então ela poderia muito bem ser o fundamento seguro de toda nobre formação para mulheres primorosas". Camila perguntou se para os homens isso não seria talvez orgulho e presunção, porque na maioria das vezes, quanto mais único cada um deles se considerava, mais incapaz era de compreender o que o outro queria. Antônio a interrompeu com a observação de que esperava, pelo bem da humanidade, que aquela fé não fosse tão necessária como pensava Lotário; pois certamente era bem rara. "Tanto quanto pude perceber", disse ele, "as mulheres, em sua maioria, consideram a arte, a Antiguidade, a filosofia etc. tradições sem fundamento, preconceitos que os homens querem fazer acreditar uns aos outros para passar o tempo".

Marcus anunciou algumas observações sobre Goethe. "Ou seja, mais uma caracterização de um poeta vivo?", perguntou Antônio. Tu encontrarás a resposta à tua censura na própria dissertação, respondeu Marcus, e começou a ler.

Ensaio sobre a diferença de estilo entre as obras da juventude e da maturidade de Goethe

A universalidade de Goethe tem se tornado cada vez mais evidente para mim, quando observo o modo diverso como suas obras atuam sobre poetas e amigos da arte poética. Um aspira ao ideal de *Ifigênia*[1] ou de *Tasso*[2], outro se apropria de maneira leve e singular de suas canções naturais e dramas encantadores; este se deleita com a forma bela e encantadora do *Hermann*, enquanto aquele se enche todo de entusiasmo pelo *Fausto*[3]. Quanto a mim, o *Meister*[4] continua sendo o epítome de sua criação, a obra que permite abarcar toda a extensão de sua versatilidade como se estivesse reunida em um ponto central.

O poeta pode seguir seu gosto particular, e mesmo o amante da arte[5] pode fazê-lo por algum tempo, mas o conhecedor, e quem quiser chegar ao conhecimento, deve sentir o

1. *Ifigênia em Tauride*, tragédia de 1779, retoma a tragédia clássica de Eurípedes, *Ifigênia entre os Tauros* (412 a.C.).
2. *Torquato Tasso*, peça de 1790.
3. A primeira versão ou esboço do poema, conhecido como *Urfaust* (Proto-Fausto) data de 1775; um segundo esboço, intitulado *Faust, ein Fragment* (Fausto, um fragmento) é de 1791, enquanto a versão definitiva do *Fausto* é de 1808.
4. *Os anos de aprendizado de Wilhelm Meister* (1795-1796).
5. No trecho que se segue, Schlegel diferencia o poeta (*Dichter*), o perito ou conhecedor de arte (*Kunstkenner*) e o amante da arte (*Kunstliebhaber*).

desejo de compreender o próprio poeta, isto é, sondar, tanto quanto possível, a história de seu espírito. É claro que tudo pode acabar sendo apenas uma tentativa, pois na história da arte somente um conjunto pode explicar e esclarecer outro. Não é possível compreender uma parte por si só, ou seja, é insensato pretender considerá-la isoladamente. O todo, porém, ainda não está definitivamente concluído, e todo conhecimento dessa espécie continua sendo apenas aproximação e obra incompleta. Ainda assim, não podemos nem devemos desistir totalmente do empenho por ele, pois essa aproximação, essa obra parcial, é um componente essencial da formação do artista.

Esse caráter necessariamente incompleto terá de estar ainda mais presente, quando se considera a obra de um poeta cuja trajetória ainda não está terminada. Mas isso não é, de modo algum, algo que depõe contra todo o empreendimento. É preciso que nos esforcemos para compreender o artista que nos é contemporâneo enquanto artista, o que somente é possível de um modo: se quisermos fazê-lo, deveremos julgá-lo como se fosse um antigo, ou seja, ele precisa se transformar num [artista] antigo no momento de nosso julgamento. Seria indigno não querer transmitir o resultado de nossa sincera investigação por acreditarmos que essa comunicação pudesse ser mal interpretada pela falta de entendimento da plebe, conforme seu velho costume. Devemos antes pressupor que há vários indivíduos que se esforçam por alcançar, com a mesma seriedade que nós, um conhecimento profundo sobre aquilo que sabem que é o correto.

Vós não encontrareis facilmente outro autor cujas obras da juventude e da maturidade sejam tão evidentemente diversas, como é o caso aqui. Trata-se da mais aguda oposição entre o total ímpeto do entusiasmo juvenil e a maturidade da formação completa. Todavia, essa diferença não se mostra apenas nas opiniões e convicções, mas também no modo de representação e nas formas; em virtude desse caráter artístico, ela se assemelha seja com o que em pintura entendemos como as diferentes fases de um mestre, seja com a progressão de um desenvolvimento ascendente através de transformações e metamorfoses, como observamos na história da arte e da poesia antigas.

Aquele que, de algum modo, estiver familiarizado com as obras do artista e refletir com atenção sobre aqueles dois extremos tão evidentes, poderá facilmente notar um período intermediário entre eles. Ao invés de caracterizar esses três períodos em seus aspectos gerais, o que proporcionaria apenas uma imagem imprecisa, prefiro indicar as obras que, após uma reflexão madura, me parecem mais representativas de cada período.

Para o primeiro período, menciono o *Götz von Berlichingen*;[6] *Tasso* para o segundo período e *Hermann e Doroteia*[7] para o terceiro. Três obras, no sentido mais pleno da palavra, de uma objetividade maior e melhor do que muitas outras da mesma época.

Examinarei brevemente essas três obras, levando em consideração a variedade do estilo de Goethe e, com esse mesmo fim, acrescentarei alguns esclarecimentos sobre as demais criações do artista.

No *Werther*[8] é afastada qualquer forma de contingência na representação artística (*Darstellung*), o que dirige a obra direta e seguramente para sua meta, ou seja, para o essencial,

6. Drama em cinco atos de 1773.
7. Poema épico escrito entre 1796 e 1797 e publicado em 1782.
8. *Os sofrimentos do jovem Werther,* romance publicado em 1774.

e anuncia o futuro artista. A obra tem detalhes admiráveis; mas o todo me parece muito abaixo da força com a qual, no *Götz*, os valentes cavaleiros das antigas épocas alemãs surgem diante de nossos olhos, e com a qual também a ausência de forma (*Formlosigkeit*) é imposta até o excesso, e, por essa mesma razão, torna-se novamente forma. Com isso, até mesmo o maneirismo da representação ganha certo encanto, e o todo é incomparavelmente menos antiquado que o *Werther*. Mas algo permanece eternamente jovem nessa obra, e se destaca de todo o restante. Trata-se do grandioso aspecto da natureza, não apenas nas passagens tranquilas, mas também nas apaixonadas. São antecipações do *Fausto*, e deveria ter sido possível predizer a seriedade do investigador da natureza através desses derramamentos do poeta.

Não era minha intenção classificar todos os produtos do poeta, mas apenas assinalar os momentos mais significativos no desenvolvimento de sua arte. Deixo a vosso juízo a decisão de inserir o *Fausto* nesse primeiro período, pela forma alemã antiga – tão favorável à força ingênua e ao vigoroso engenho da poesia masculina – pela inclinação ao trágico e por outros indícios e afinidades. O certo, porém, é que esse grande fragmento não representa apenas o caráter de um período, como as três obras citadas anteriormente, mas revela todo o espírito do poeta, como não mais aconteceu; com exceção, ainda que de outro modo, do *Meister*, que, nesse aspecto, é o contraponto do *Fausto*, do qual nada mais se pode dizer aqui a não ser que pertence ao que de mais grandioso a força do homem jamais criou.

No *Clavigo*[9] e em outras criações menos importantes do primeiro período, o mais digno de nota para mim é

9. Tragédia em cinco atos, de 1774.

que o poeta já soube, desde muito cedo, restringir-se com precisão e rigor a um fim determinado, de modo a satisfazer o assunto escolhido.

Considero a *Ifigênia* como transição entre o primeiro e o segundo período.

O característico no Tasso é o espírito da reflexão e da harmonia, ou seja, tudo se refere a um ideal de vida e de formação harmônicas; até mesmo a desarmonia é mantida num tom harmônico. Entre os modernos ainda não se pode representar a delicadeza profunda de uma natureza inteiramente musical com tal engenhosa profundidade. Tudo ali é antítese e música, e o sorriso mais doce da sociabilidade mais delicada paira sobre o silencioso quadro, que parece refletir a própria beleza do princípio ao fim. Os desatinos de um virtuoso mimado precisavam vir à tona, todavia, eles se mostraram quase amáveis, e no mais belo arranjo de flores da poesia. O todo [da obra] repousa sobre a atmosfera das relações e conflitos artificiais das classes distintas, e o enigmático do desenlace só pode ser apreciado a partir do ponto de vista em que predominam o entendimento e o arbítrio, onde o sentimento parece calar. Em todas essas qualidades, o *Egmont*[10] assemelha-se a essa obra, ou parece tão simetricamente diferente dela, que se torna, por isso mesmo, um par seu. Ainda assim, o espírito de Egmont é um espelho do universo; os outros são apenas o reflexo dessa luz. Também aqui uma bela natureza se sujeita ao eterno poder do entendimento. Mas, em *Egmont* o entendimento tem uma nuance maior de ódio, enquanto o egoísmo do herói, ao contrário, é mais nobre e digno que o de *Tasso*. Neste, a desproporção se encontra originalmente nele mesmo, em sua

10. Peça dramática encenada pela primeira vez em 1789.

maneira de sentir; os outros possuem tal harmonia interior que somente um estranho, advindo das altas esferas, pode perturbar seu estado de espírito. No *Egmont*, ao contrário, toda a dissonância é colocada nas personagens secundárias. O destino de Klärchen[11] nos dilacera, e quase queremos fugir da dor de Brackenburg, o pálido eco de uma dissonância. Mas ele ao menos desaparece, e Klärchen vive em Egmont, enquanto os outros apenas representam. Egmont é o único que, por si mesmo, vive uma vida mais elevada, em sua alma tudo é harmônico. Mesmo a dor se funde em música, e a catástrofe[12] trágica dá uma impressão suave.

Surgido das mais leves e frescas florações, em *Claudine von Villa Bella*[13] paira o mesmo belo espírito presente nesses dois dramas. Nesta, pela mais notável transformação o encanto sensual de Rugantino,[14] em quem o poeta já havia representado amorosamente a vida romântica de um alegre vagabundo, é transfigurado na graça mais espiritual, elevando-se da atmosfera mais grosseira para o mais puro éter.

A maioria dos estudos e esboços escritos [por Goethe] para o palco datam dessa época.[15] Trata-se de uma instrutiva série de experimentos teatrais, nos quais o método e a máxima do procedimento artístico são, com frequência, mais importantes do que o resultado isolado. *Egmont* também

11. Klärchen: diminutivo de Clara, "a pequena Clara".
12. Desenlace da peça.
13. *Claudine von Villa Bella,* obra teatral cantada, de 1776. A peça escrita por Goethe seria transformada em ópera por Johann Friedrich Reichardt em 1789, e musicada por Franz Peter Schubert em 1815.
14. Personagem central da peça de Goethe.
15. Algumas dessas obras têm clara influência da ópera dos italianos, e foram escritas por Goethe quando este se encontrava em Roma. É o caso de *Claudine von Villa Bella*, enviada através de Herder para Reichardt. Sobre esse assunto, ver: BAUM, Thomas. *North German Opera in the Age of Goethe.* Cambridge: Cambridge University Press, 1985.

foi composto segundo as ideias do poeta sobre os dramas romanos de Shakespeare. E, mesmo no *Tasso*, ele deve ter pensado talvez no único drama alemão que é inteiramente uma obra do entendimento (ainda que não do entendimento dramático), o *Natã*, de Lessing.[16] Isso não seria tão admirável quanto o fato de que o *Meister*, que todos os artistas deverão estudar eternamente, é de certo modo, por sua origem material, um estudo a partir de romances, os quais, num exame rigoroso, não podem ser considerados nem individualmente como obras, nem em conjunto como um gênero.[17]

Eis o caráter da verdadeira imitação, sem a qual uma obra dificilmente pode ser uma obra de arte! O modelo é apenas estímulo e meio para o artista, para que configure mais individualmente o pensamento que deseja desenvolver. Compor como Goethe significa compor segundo ideias; no mesmo sentido que Platão exige que se viva segundo ideias.

---

16. *Nathan der Weise*, (Nathan, o Sábio), drama em cinco atos de Gotthold Ephraim Lessing, publicado em 1779 e encenado em 1783. A peça faz uma defesa apaixonada da tolerância religiosa e do convívio entre diferentes crenças.

17. *Os anos de aprendizado de Wilhelm Meister*. Schlegel tem o mérito de ter sido um dos primeiros teóricos a reconhecer a genialidade de Goethe em seu romance, e apontar seu papel na inauguração da tradição do romance de formação ou desenvolvimento, *Bildungsroman*. No ano de 1798, Schlegel escreve uma de suas famosas caracterizações sobre a obra, demonstrando como Goethe passara de um projeto inicial (*A missão teatral de Wilhelm Meister*) para a versão final do romance, o que demonstra que a obra teria sido produzida, como demonstra Bruno Duarte, "a partir de uma duplicidade fundamental, feita por duas vezes, em dois momentos criadores". Sobre esse assunto ver a apresentação que Bruno Duarte faz à sua tradução da caracterização de Schlegel sobre o *Meister* de Goethe: SCHLEGEL, Friedrich. *Sobre o Meister de Goethe (1798)*. In: SCHLEGEL, Friedrich. *A essência da crítica e outros textos*. Apresentação, tradução e notas de Bruno Duarte. Lisboa: Fundação Calouste Gulbenkian, 2015, p. 1-47.

Também o *Triunfo da Sensibilidade*[18] se distancia bastante de Gozzi,[19] e, no que diz respeito à ironia, ultrapassa-o em muito.

Deixo a vosso critério inserir onde quiserdes *Os Anos de Aprendizado de Wilhelm Meister*. Na sociabilidade artística, na formação do entendimento, que caracterizam o tom no segundo período [de Goethe], não faltam reminiscências do primeiro período, e em toda parte é possível sentir, como pano de fundo, o espírito clássico que caracteriza o terceiro período.

Este espírito clássico não reside apenas no exterior: pois, se não me engano, mesmo no *Reineke Fuchs*,[20] que o artista compôs em conformidade com os antigos, a singularidade do tom acompanha a tendência da forma.

A métrica, a linguagem, a forma, a semelhança nas locuções e a identidade de visões, o colorido e o vestuário, preponderantemente meridionais, o tom tranquilo, suave, o estilo antigo, a ironia da reflexão, transformam as elegias, os epigramas, as epístolas, os idílios, num círculo, numa espécie de família de poemas. Seria até mesmo possível tomá-los e considerá-los como um todo, ou, em certo sentido, como uma única obra.

Muito da magia e do encanto desses poemas encontra-se na bela individualidade que neles se expressa e que, por assim dizer, se deixa facilmente comunicar. Graças à sua forma clássica, ela se torna ainda mais picante.

Nos produtos do primeiro período, o subjetivo e o objetivo estão totalmente misturados. Nas obras do segundo

---

18. Peça satírico-dramática em seis atos, escrita em 1777 e encenada em 1778. O próprio Goethe faz o papel de Andrason na peça.
19. Conde Carlo Gozzi (1720-1806), escritor de peças satíricas.
20. *Raineke Fuchs* (*Raineke*, a raposa), conto publicado em 1794.

período, a execução é objetiva no mais alto grau. Mas o propriamente interessante nelas, o espírito da harmonia e da reflexão, revela sua relação com uma individualidade determinada. No terceiro período, ambos estão puramente separados, e o *Hermann e Doroteia* é totalmente objetivo. Pelo que tem de verdadeiro e íntimo, poderia parecer um retorno à juventude espiritual, uma reunificação do último estágio com a força e o calor do primeiro. Aqui, porém, a naturalidade não é uma efusão espontânea, e sim popularidade intencional com vistas ao efeito exterior. Neste poema, encontro toda a atitude idealista que outros buscam apenas na *Ifigênia*.

Não poderia ser minha intenção organizar em um esquema gradual todas as obras do artista. Para torná-lo mais visível mediante um exemplo, menciono apenas que o *Prometeu*[21] e a *Dedicatória*[22] me parecem dignos de estar entre as maiores obras desse mestre. Em geral, nos *Poemas mistos*[23] cada um gosta do que acha mais interessante. Mas seria difícil desejar formas mais felizes para os sentimentos dignos aqui expressos, e o verdadeiro conhecedor deveria estar em condições de adivinhar, apenas por uma dessas peças, a altura em que estão todas.

Gostaria apenas de dizer algumas palavras sobre o *Meister*. Em minha opinião, são três as qualidades mais maravilhosas e grandiosas nele. Primeiro, a individualidade que ali surge é refletida em diferentes raios, e se divide entre diferentes pessoas. Depois, o espírito antigo,

---

21. *Prometeu* é um poema publicado em 1789.
22. A *Dedicatória (Zueignung)* é a primeira parte do *Fausto*. De acordo com a recepção crítica da obra, a "Dedicatória" teria sido escrita no ano de 1797.
23. *Vermischten Gedichten* (1789).

que reconhecemos por toda parte sob roupagem moderna, quando nos familiarizamos um pouco mais com a obra. Essa grande combinação abre uma perspectiva completamente nova e infinita sobre o que parece ser a tarefa suprema de toda arte poética, a harmonia entre o clássico e o romântico.[24] Terceiro: o fato de que, de certa forma, uma obra indivisível seja também uma obra duplicada, uma obra dupla. Exprimo talvez melhor o que penso: afirmo que essa obra foi feita duas vezes, em dois momentos criativos diversos, a partir de duas ideias. A primeira era a simples ideia de um romance de artista; mas, surpreendida pela tendência de seu gênero, a obra se tornou subitamente muito maior que sua primeira intenção, acrescentando-se a doutrina da formação da arte de viver, que se tornou o gênio do todo. Uma duplicidade que chama igualmente atenção pode ser vista nas duas obras de arte mais artísticas e cheias de entendimento em todo o âmbito da arte romântica, no *Hamlet* e no *Dom Quixote*. Mas Cervantes e Shakespeare tiveram ambos seu auge, de onde por fim, na realidade, decaíram um pouco. Em razão de que cada obra deles é um novo indivíduo, constituindo um gênero por si, elas também são as únicas com as quais a universalidade de Goethe pode ser comparada. O modo como Shakespeare transforma sua matéria não se distingue do procedimento com o qual Goethe trata o ideal de uma forma. Cervantes também toma formas individuais por modelo. No entanto, apenas a arte de Goethe é totalmente

---

24. Uma das qualidades da literatura moderna, para Schlegel, seria retomar o espírito da antiga poesia em roupagem moderna, ou seja, o que o pensador compreende como a harmonia entre o clássico e o moderno. Sobre esse assunto ver: SCHLEGEL, Friedrich. *Sobre o estudo da poesia grega*. Tradução de Constantino Luz de Medeiros. São Paulo: Iluminuras, 2018, p. 9-17.

progressiva;[25] e, se a época foi mais favorável àqueles, se não foi um demérito para a grandeza deles não ter sido reconhecida por ninguém, e ter permanecido solitária, a época atual, pelo menos nesse aspecto, não se encontra totalmente privada de meios e fundamentos. Em sua longa trajetória – desde as efusões do fogo inicial, como apenas eram possíveis numa época em parte rudimentar, e, em parte, deformada, cercada por todos os lados de prosa e falsas tendências – Goethe se esforçou para se elevar a uma altura artística que abrange pela primeira vez a poesia dos antigos e dos modernos, e contém o germe de um eterno progresso.

O espírito, que agora está vivo, também deve tomar essa direção, e podemos ter a esperança de que não faltarão naturezas capazes de fazer poesia, de poetizar segundo ideias. Se buscarem incansavelmente o melhor em ensaios e obras de todo tipo, de acordo com o modelo de Goethe, seguindo a tendência universal de se apropriar das máximas progressivas desse artista, as quais ainda são aplicáveis nas mais diversas formas; se preferirem, como ele, a segurança do entendimento ao brilho do que é engenhoso, então, aquela semente não se perderá, e Goethe não terá o mesmo destino de Cervantes e de Shakespeare, mas será o fundador e o guia de uma nova poesia, para nós mesmos e para a posteridade, como foi Dante, à sua maneira, na Idade Média.

Andrea. Alegra-me que, no ensaio que nos foi apresentado, finalmente foi levantada aquela que me parece ser a mais importante questão entre todas sobre a arte da poesia.

25. Sobre esse termo e o papel de Goethe no que Schlegel concebe como a terceira fase da poesia romântica, ver a apresentação da presente tradução.

Refiro-me à unificação entre o antigo e o moderno; em que condições ela é possível, em que medida é aconselhável. Tratemos de ir à fundo nessa questão!

Ludovico. Eu protestaria contra as limitações, e aprovaria a unificação incondicionada. O espírito da poesia é apenas um e o mesmo em todo lugar.

Lotário. Quanto ao espírito, decerto! Mas gostaria de aplicar aqui a divisão entre o espírito e a letra. O que tu explicaste, ou pelo menos indicaste em teu "Discurso sobre a Mitologia" é, se queres saber, o espírito da poesia. E tu certamente não te oporias se eu considerasse como letra apenas a métrica e outras coisas semelhantes, como as personagens, a ação e o que dela fizer parte. Apenas no espírito é que pode ocorrer tua unificação absoluta do antigo e do moderno; foi apenas para isso que nosso amigo nos chamou a atenção. Mas não na letra da poesia. O ritmo antigo, por exemplo, e a rima metrificada continuam em eterna oposição. Não há um terceiro elemento entre os dois.

Andrea. Quanto a isso, tenho percebido com frequência que o tratamento das personagens e das paixões é totalmente diferente entre os antigos e os modernos. Entre os primeiros, pensa-se idealmente e executa-se plasticamente. Nos segundos, a personagem ou é realmente histórica, ou é construída como se o fosse; a execução, ao contrário, é mais pitoresca e à maneira do retrato.

Antônio. Então, tendes de incluir a dicção, a qual, na realidade, deveria ser o centro de toda letra – de um modo bastante curioso – dentro do próprio espírito da poesia. Pois mesmo que aqui esse dualismo universal se manifeste em seus extremos, e que o caráter da antiga linguagem sensível se contraponha ao de nossa [língua] abstrata, ainda assim existem muitos pontos de aproximação entre uma esfera e outra; e não vejo por que não poderiam existir muitos outros mais, ainda que fosse impossível uma unificação completa.

Ludovico. E não vejo por que nos atemos apenas à palavra, à letra da letra,[26] e por que não poderíamos reconhecer, para o bem dela, que a linguagem está muito mais próxima do espírito da poesia que outros recursos que ela possui. A linguagem que, pensada originalmente, é idêntica à alegoria, é a primeira ferramenta imediata da magia.[27]

Lotário. É possível encontrar em Dante, Shakespeare e outros grandes, passagens e expressões que, consideradas em si mesmas, já carregam a marca da mais completa e elevada singularidade; elas estão mais próximas do espírito de seu autor do que qualquer outro órgão da poesia jamais poderia estar.

Antônio. Eu gostaria apenas de fazer um pequeno comentário referente ao ensaio sobre Goethe, e acrescentar que os juízos foram expressos de um modo muito categórico. Pode ser que exista gente por aí que tenha uma opinião inteiramente diversa sobre esse ou aquele ponto.

Marcus. Confesso de bom grado que só disse o que me parecia ser correto, isto é, após ter investigado com toda a honestidade, levando em conta aquelas máximas da arte e da formação, sobre as quais estamos todos de acordo.

Antônio. Essa concordância pode muito bem ser apenas relativa.

---

26. Em alemão: *den Buchstaben des Buchstabens*.
27. Em relação a essa aproximação da linguagem original à magia, é interessante apontar que a palavra alemã *Buchstabe* (letra), aproxima-se de *Zauberstabe* (varinha de condão, varinha mágica). Em seu romance *Lucinde*, Schlegel brinca com essas palavras: "A verdadeira letra é todo-poderosa, é a verdadeira vara de condão". SCHLEGEL, Friedrich. *Lucinde*. Tradução de Constantino Luz de Medeiros. São Paulo: Iluminuras, 2019, p. 38.

Marcus. Seja como for. Um verdadeiro juízo artístico, tu hás de concordar comigo, uma opinião elaborada e totalmente acabada de uma obra, é sempre um fato crítico, se assim o posso dizer.[28] Mas é apenas um fato e, justamente por isso, é trabalho inútil querer motivá-lo, pois o próprio motivo deveria conter um novo fato ou uma determinação mais precisa do primeiro. Também quanto a seu efeito exterior, não há nada a fazer a não ser mostrar que possuímos a ciência sem a qual o juízo artístico não seria possível, mas que essa ciência se identifica tão pouco com tal juízo que, com muita frequência, a vemos coexistir da maneira mais primorosa com o oposto absoluto de toda arte e de todo juízo. Entre amigos, é melhor deixar de lado as provas de habilidade, pois em toda comunicação de um juízo artístico, ainda que preparada com toda a arte, poderá, ao final, não haver outra pretensão que a de convidar cada um a conceber com pureza e a determinar com rigor sua própria impressão e, então, a dar-se o trabalho de refletir se concorda completamente com aquela impressão, de modo a reconhecê-la por livre e espontânea vontade.

Antônio. E se não concordarmos, ao final alguém dirá: "Eu amo o que é doce". E outro responderá: "Eu, ao contrário, prefiro o amargo".[29]

---

28. Não apenas o aparecimento do vocábulo "categórico" na fala de Antônio, mas a afirmação de Marcus de que todo juízo estético perfeito e acabado é um fato crítico remontam ao legado da filosofia de Kant, cuja transposição para o terreno da estética, segundo Peter Szondi, não ficou a cargo de Schiller, mas de Schlegel. Sobre esse assunto, ver: SZONDI, Peter. *Friedrich Schlegels Theorie der Dichtarten. Versuch einer Rekonstruktion auf Grund der Fragmente aus dem Nachlaß*. In: *Schriften II*. Frankfurt am Main: Suhrkamp, 1996.
29. Schlegel remete aos escritos de Immanuel Kant, nomeadamente à *Crítica da Faculdade de Julgar*, em cujos parágrafos 56 e 57 o filósofo discute alguns lugares comuns a respeito de questões estéticas em seu

Lotário. Isso pode ocorrer em alguns casos particulares. Mas o saber sobre as coisas da arte continua sendo possível. E penso que se aquela visão histórica tivesse sido executada de forma completa, e se os princípios da poesia tivessem sido estabelecidos pela via tentada por nosso amigo filósofo, então a arte poética teria um fundamento ao qual não faltaria nem solidez, nem amplitude.

Marcus. Não te esqueças do modelo, que é tão essencial para que possamos nos orientar no presente, e que, ao mesmo tempo, nos incita a nos elevar constantemente ao passado, e trabalhar rumo a um futuro melhor. Deixa-nos, ao menos, perseverar naquele fundamento e permanecer fiéis ao modelo.

Lotário. Uma decisão digna, contra a qual nada se pode objetar. E, certamente, por esse caminho aprenderemos a compreender cada vez mais o que é essencial para o outro.

Antônio. Então, não devemos desejar nada mais que encontrar ideias para poemas em nós mesmos e, depois, a louvada capacidade de fazer poesia segundo ideias.

Ludovico. Consideras mesmo impossível compor poemas futuros *a priori*?

Antônio. Dá-me ideias para poemas, e me atreverei a dar-te essa capacidade.

Lotário. Pode ser que tenhas razão em considerar impossível aquilo que pensas. Mas, pela própria experiência, eu penso o contrário. Posso afirmar que, algumas vezes, o êxito de um poema determinado correspondeu às minhas

tempo, principalmente a afirmação popular de que *de gostibus non disputandum* (Gosto não se discute, ou não se disputa). KANT, Immanuel. *Kritik der Urteilskraft*. Akademie-Ausgabe, Bd.V. Reimpr. : Berlin: Walter de Gruyter, 1979.

expectativas sobre o que deveria ser um princípio necessário, ou ao menos possível, neste ou naquele campo da arte.
Andrea. Se possuis esse talento, então poderias me dizer se podemos ter a esperança de voltar a ter tragédias antigas.
Lotário. A exigência que me fazes é muito bem-vinda, seja por gracejo ou não, para que eu não apenas fale o que penso das opiniões dos outros, mas para que também possa contribuir com algo de minha própria visão para o banquete. Apenas quando os mistérios e a mitologia forem renovados, pelo espírito da física,[30] é que será possível compor tragédias nas quais tudo seja antigo, e que, entretanto, através de seu significado, possam capturar o sentido da época. Nelas seriam permitidas, e até mesmo recomendadas, uma amplitude maior, e uma diversidade maior de formas externas, assim como ocorreu em muitas subespécies e variedades da tragédia antiga.
Marcus. Tercetos e hexâmetros podem muito bem ser compostos em nossa língua. Mas temo que a métrica do coro seja uma dificuldade insuperável.
Camila. Por que o conteúdo deve ser completamente mitológico e não também histórico?
Lotário. Porque exigimos de uma temática histórica o tratamento moderno das personagens, o que simplesmente contradiz o espírito da Antiguidade. O artista teria que ceder, de uma maneira ou de outra, seja ante a tragédia antiga, seja em relação à romântica.
Camila. Assim, espero que tu incluas a Níobe[31] entre os temas mitológicos.

---

30. Novamente a referência à filosofia da natureza que Schelling então desenvolvia.
31. Personagem da mitologia grega. O mito de Níobe narra como a filha de Tântalo e Dione, foi castigada pelos deuses por insultar a deusa Leto,

Marcus. Eu preferiria pedir um Prometeu.

Antônio. Enquanto eu sugeriria modestamente a antiga fábula de Apolo e Mársias.[32] Ela me parece muito atual; ou, melhor dizendo, ela será sempre atual em toda literatura bem-composta.

---

tendo seus filhos sido assassinados.
32. O mito de Apolo e Marsias narra como o flautista, considerando-se melhor que o deus, o desafia a uma competição musical. Segundo o mito, Marsias perde e, como castigo, sofre o suplício de ser esfolado, nascendo de seu sangue o rio Marsias, na Frígia.

Fragmentos da Athenäum*
August Wilhelm Schlegel

---

* Fragmentos de August Wilhelm Schlegel publicados na Revista *Athenäum*, no ano de 1798. A presente tradução utiliza o texto estabelecido por Hans Eichner em 1967. Cf. SCHLEGEL, Friedrich. *Kritische-Friedrich-Schlegel-Ausgabe.* Hans Eichner (Org.). Paderborn: Ferdinand Schöningh, 1967, Vol. II, p. 165-283.

---

[6]¹ – Algumas pessoas censuraram a ausência de delicadeza em *Hermann e Doroteia*,² pelo fato de que o jovem tenha sugerido astuciosamente que sua amada, uma camponesa empobrecida, trabalhasse como serviçal na residência de seus bons pais. Esses críticos devem tratar muito mal seus empregados.

[7] – Desejais sempre novas reflexões? Se fizerdes algo novo, alguma coisa poderá ser dita sobre isso.

[8] Alguns encomiastas de épocas passadas de nossa literatura merecem a mesma resposta que Estênelo deu a Agamenão: "orgulhamo-nos de ser muito melhores que nossos antepassados".³

---

1. A numeração dos fragmentos corresponde exatamente ao texto estabelecido por Hans Eichner.
2. Poema épico de Johann Wolfgang Goethe publicado em 1782.
3. A frase surge na Ilíada: "Temos orgulho de ser mais prestantes que nossos maiores". HOMERO. *Ilíada*. Tradução de Carlos Alberto Nunes. São Paulo: Ediouro, 2004, p. 129. Canto IV, 405.

[9] Por sorte, a poesia espera tão pouco da teoria, como a virtude da moral, do contrário não teríamos a mínima esperança de um poema.

[14] A coragem de se mostrar mais encantador na apresentação é a única coisa que pode salvar a moralidade poética das descrições lascivas. Elas dão o testemunho de indolência e perversão quando não revelam algo da plenitude da força vital. A imaginação precisa divagar, não pode se entregar, de forma subserviente, à tendência dominante dos sentidos. Ainda assim, a maioria entre nós acredita que a agradável trivialidade é a mais condenável; por outro lado, perdoam o que de mais intenso há nesse gênero, desde que esteja envolto por uma aura mística de sensibilidade. Como se a malevolência pudesse ser compensada pela tolice!

[18] Há escritores de mérito, os quais incentivaram, com ardor juvenil, a formação de seu povo, mas pretenderam conservá-la ali onde a força os abandonou. É uma tarefa inglória: quem quiser parar a marcha do espírito humano, seja por tolice ou por nobreza, terá de acompanhá-la, ou não estará em uma posição melhor do que um cão que, em face de um virador de espetos, paralisa suas patas.

[20] Duclos[4] observa que há poucas obras notáveis que não sejam criadas por escritores de profissão. Essa situação é reconhecida há bastante tempo na França. Entre nós, ser escritor e não ser nada era quase a mesma coisa no passado. Esse preconceito ainda permanece vivo aqui e ali, mas a

---

4. Charles Pinot Duclos (1704-1772), autor francês, contribuiu para a *Enciclopédia das ciências, artes e ofícios*, de Diderot e d'Alembert.

força de obras exemplares o enfraquecerá cada vez mais. De acordo com o modo como é exercida, a atividade de escritor pode ser uma infâmia, uma devassidão, um ganha-pão, um ofício, uma arte, uma ciência e uma virtude.

[40] Notas a um poema são como aulas de anatomia sobre um assado.

[58] Acredita na tradição, e se embrenha cada vez mais em novas insanidades; é viciada em imitações e orgulhosa de sua independência, desajeitada no que é superficial, e habilidosa até a destreza no que é profundo ou melancolicamente pesado; superficial por natureza, mas anseia por transcendência nos sentimentos e visões; abrigada confortavelmente contra a engenhosidade e a frivolidade, e inflamada por uma sagrada aversão a essas qualidades. Esses traços correspondem ao conjunto de qual literatura?[5]

[59] Maus escritores se queixam frequentemente da tirania dos resenhistas; acho que são os últimos que deveriam se queixar, pois eles devem considerar belo, espirituoso, excelente, algo que não possui nenhuma dessas qualidades; apenas uma ligeira circunstância de poder é o que previne os resenhados de agirem contra os resenhistas como Dionísio agiu contra quem criticava sua poesia. Kotzebue admitiu isso publicamente. As novas produções desses pequenos Dionísios poderiam ser anunciadas apenas com as seguintes palavras: leve-me de volta às Latomias.[6]

5. August Wilhelm provavelmente se refere à própria literatura alemã de seu tempo, objeto de severas críticas por parte dos românticos de Iena.
6. Latomias eram as pedreiras que serviam de prisão em Siracusa. Ali, Dionísio, o Velho (c. 430-367 a.C.) exerceu seu poder. August von Kotzebue

113

[60] Os cidadãos de alguns países gabam-se de ter algumas liberdades, as quais seriam inteiramente supérfluas caso realmente tivessem liberdade. Talvez seja por essa razão que se dá tanta ênfase para a beleza de certos poemas, porque não têm beleza alguma. São artísticos no detalhe, mas quando considerados no todo não são obras de arte.

[106] A apreciação moral é inteiramente oposta à apreciação estética. Naquela, a boa vontade significa tudo, nesta não significa coisa alguma. A boa vontade de ser engraçado (*witzig*), por exemplo, é a virtude do palhaço. Ao fazer graça, a vontade deve suprimir as barreiras convencionais e deixar o espírito livre. Todavia, o mais engraçado seria quem o fosse não apenas sem querer, mas até mesmo contra sua vontade, assim como o *bienfaisant bourru*[7] é realmente o mais bondoso de todos os personagens.

[110] Preferir as coisas elevadas à segunda potência revela um gosto sublime.[8] Por exemplo, cópias de imitações, juízos sobre resenhas, adendos a suplementos, comentários a notas. Esse gosto é bem característico de nós, alemães, sobretudo quando se trata de expandir o que quer que seja; e bem característico dos franceses, quando buscam a concisão e a vacuidade. A educação científica deles costuma ser o sumário de um excerto, e o produto mais elevado de sua arte poética, sua tragédia, é meramente a fórmula de uma forma.

(1761-1819), dramaturgo alemão, autor de mais de duzentas peças teatrais, algumas das quais adquiriram grande popularidade em seu tempo.
7. "Bruto de coração", no original em francês.
8. Friedrich Schlegel resume essa ideia com a concepção de que a poesia só pode ser criticada pela poesia, ou seja, até mesmo um juízo crítico deve ser como a obra em segunda potência.

[122] Quando Bürger encontrava um livro daqueles que não deixam o leitor nem quente e nem frio, ele costumava dizer que a obra deveria ser elogiada na *Biblioteca de belas ciências*.[9]

[127] Klopstock é um poeta gramatical, e um gramático poeta.[10]

[128] Nada é mais deplorável do que se entregar ao diabo por nada; por exemplo, escrever poemas lascivos que não sejam sequer perfeitos.

[129] Ao discutir questões como o uso da métrica no drama, alguns teóricos muitas vezes se esquecem que a poesia é essencialmente apenas uma bela mentira, da qual todavia também se pode dizer:

*Magnanima menzogna, ov' è il vero
Si bello, che si possa a te preporre?*[11]

[130] Também existem místicos gramaticais. Moritz foi um.[12]

9. Gottfried August Bürger (1748-1794), poeta e editor alemão. Organizou o *Almanaque das musas* (*Musenalmanach*), de *Göttingen*, que concorria com a *Biblioteca das belas ciências e das artes livres*, publicada em Leipzig de 1775 a 1806.
10. Gottlieb Friedrich Klopstock (1714-1803), autor do poema épico *Messias*, baseado na vida de Cristo. O poema deu a Klopstock a fama de ser uma espécie de "Milton da Alemanha", e de ser considerado o mais perfeito poeta antes de Goethe.
11. "Magnífica mentira, onde há uma verdade tão bela que seja preferível a ti?". Frase de *Jerusalem Liberata*, de Torquato Tasso, publicada em 1581.
12. Karl Philipp Moritz (1575-1793), autor de novelas autobiográficas *Andreas Hartknopf* (1794) e *Anton Reiser* (1785-1790), assim como de um ensaio que exerceu bastante influência no pensamento estético dos românticos, *Da imitação plástica da natureza*.

[131] O poeta pode aprender bem pouco com o filósofo, mas o filósofo pode aprender muito com o poeta. É mesmo de se temer que a lamparina do sábio possa desencaminhar alguém acostumado a caminhar à luz da revelação.

[132] Poetas são sempre Narcisos.

[133] É como se as mulheres fizessem tudo com as próprias mãos, e os homens por intermédio de instrumentos.

[134] O sexo masculino não será aprimorado pelo feminino até que se introduza a sucessão matriarcal, como entre os Nairis.[13]

[135] Às vezes, percebemos uma relação íntima entre as partes separadas e frequentemente contraditórias de nossa formação. É assim que os melhores indivíduos em nossos dramas morais parecem sair das mãos de nossa pedagogia mais recente.

[136] Existem espíritos que mesmo com todo esforço e determinação de sua força carecem de flexibilidade. Eles farão descobertas, embora poucas, e sempre correrão o risco de repetir suas proposições favoritas. Mesmo que se pressione com toda força a broca na madeira, nada acontecerá se ela não girar.

[140] Parece que a especificidade do poeta dramático é a de se perder em outras pessoas com uma nobre generosidade; a do poeta lírico é se referir a si mesmo com amável egoísmo.

---

13. Os Nairis foram um povo assírio que habitou o que é hoje o sudeste da Turquia, entre os séculos XIII e X a.C.

[141] Dizem que há muitas infrações contra o bom gosto nas tragédias inglesas e alemãs. As tragédias francesas são criadas a partir de uma grande infração contra o gosto. Pois o que pode ser mais contrário ao gosto que escrever e representar tragédias inteiramente fora da natureza.

[142] Hemsterhuis une os belos voos visionários de Platão à seriedade rigorosa do pensador sistemático. Jacobi não possui essa proporção harmoniosa das forças do espírito, mas, por outro lado, possui mais profundidade e força, as quais são mais efetivas. O instinto do divino é algo que ambos têm em comum. As obras de Hemsterhuis poderiam ser chamadas de poemas intelectuais. Jacobi não compôs obras de uma antiguidade clássica perfeita e acabada, mas proporcionou fragmentos cheios de originalidade, nobreza e interioridade. Talvez, o misticismo de Hemsterhuis produza um efeito mais poderoso, porque sempre se aproxima dos limites do belo. Por outro lado, a razão logo se coloca na defensiva quando percebe a intensidade do sentimento que a invade.[14]

[169] Demonstrar coisas *a priori* traz consigo uma tranquilidade abençoada, enquanto a observação permanece sempre algo parcial e incompleto. Aristóteles tornou o mundo redondo como uma bola através da pura abstração, não deixando a menor saliência ou concavidade. Pela mesma razão, ele também trouxe os cometas para a atmosfera da Terra, desprezando os sistemas solares verdadeiros dos pitagóricos. Quanto tempo nossos astrônomos – os quais observam [os céus] através das lentes dos telescópios de

---

14. Franz Hemsterhuis (1721-1790), filósofo holandês. Admirado por Herder e Jacobi, exerceu grande influência no primeiro romantismo alemão e na filosofia do Idealismo.

Herschel – precisarão trabalhar até novamente chegar a uma compreensão tão definidamente clara e esférica do mundo?

[170] Por que razão as alemãs não escrevem romances com mais frequência? O que podemos concluir disso, em relação a sua habilidade em encenar romances na vida real? Há uma relação de igualdade entre essas duas artes, ou a primeira tem certa preponderância sobre a segunda? O que leva a presumir que a segunda resposta é correta é o fato de que muitos romances foram escritos por inglesas, e tão poucos por francesas. Ou será que as francesas atraentes e inteligentes se encontram na mesma posição dos homens de Estado, os quais jamais encontram tempo para escrever suas memórias, a não ser quando são demitidos do serviço? E quando é que essa mulher de negócios acredita ter sido afastada? Diante da severa etiqueta da virtude feminina na Inglaterra, e da vida em clausura a que são com frequência forçadas, pela rudeza de uma sociedade de homens, a frequência com que as inglesas se tornam escritoras parece indicar a necessidade de relações mais livres. É quando tememos queimar a pele à luz do dia que saímos à luz do luar.

[171] Um crítico francês descobriu nos escritos de Hemsterhuis uma espécie de *flegme allemand*;[15] outro, após a aparição de uma tradução francesa da *História da Suíça*, de Müller,[16] acreditou que o livro continha bom material para um futuro historiador. Tais extravagantes tolices deveriam ser conservadas em anais do espírito humano: mesmo com o mais alto engenho é impossível inventá-las. Elas se

---

15. "Fleuma alemã", em francês no original.
16. Johannes von Müller (1752-1809), historiador alemão, conhecido como o "Tucídides dos alemães".

assemelham a ideias geniais, pois qualquer palavra que lhes fosse acrescentada, as privaria de seu caráter picante.

[172] Pode-se dizer que um traço característico do gênio poético é saber muito mais do que sabe que sabe.[17]

[173] Nada é ornamental no estilo do verdadeiro poeta, tudo é um hieróglifo necessário.[18]

[174] A poesia é música para o ouvido interior e pintura para o olho interior; mas música suave, pintura evanescente.

[175] Algumas pessoas preferem contemplar quadros com os olhos fechados, de modo a não perturbar sua imaginação.

[176] O que se pode dizer de muitas abóbadas é que se está propriamente no céu.

[177] Em geral, não há outra prescrição para a tão malograda arte de pintar quadros com palavras a não ser variar, tanto quanto possível, o estilo no qual representa os objetos. Às vezes, o momento descrito surge prontamente da narrativa. Outras vezes, é preciso uma descrição quase matemática dos detalhes. O tom da descrição tem que se esforçar ao máximo para que o leitor entenda [seu procedimento], o

17. Em alemão: „viel mehr wissen als es weiß daß es weß".
18. O uso metafórico do termo "hieróglifo", como uma forma de exegese da natureza e da arte, aparece igualmente no romance *Lucinde,* de Schlegel: "Agora a alma compreende o lamento do rouxinol e o sorriso da criança recém-nascida, entende o que se revela de um modo significativo nos hieróglifos misteriosos das flores e das estrelas". SCHLEGEL, Friedrich. *Lucinde.* Tradução de Constantino Luz de Medeiros. São Paulo: Iluminuras, 2019.

seu "como". Diderot é um mestre nisso. Ele musica muitas pinturas como o abade Vogler.[19]

[178] Se alguma obra do âmbito da pintura alemã merece ser exposta no átrio do templo de Rafael, então Albrecht Dürer e Holbein certamente estariam mais próximos do santuário do que o erudito Mengs.[20]

[179] Não censurem o limitado gosto artístico dos holandeses. Em primeiro lugar, eles sabem exatamente o que querem. Em segundo lugar, eles criaram sozinhos seus próprios gêneros. Será que alguma dessas afirmações pode ser feita em relação ao diletantismo artístico inglês?

[180] A escultura grega é extremamente modesta quando se trata da pureza do que é nobre. Por exemplo, nas figuras de deuses e heróis nus ela apenas faz uma alusão muito discreta sobre as necessidades terrenas. É incapaz de falsa delicadeza, por isso, expõe os prazeres bestiais dos sátiros sem ocultar nada. Tudo deve permanecer fiel a seu gênero. Por suas próprias formas, aquelas criaturas indomáveis já tinham sido excluídas da humanidade. Do mesmo modo, não foi o refinamento sensível, mas ético o que fez surgir os hermafroditas. Tendo a volúpia tomado tal direção, inventaram-se criaturas específicas originalmente destinadas a isso.

---

19. Georg Joseph Vogler (1749-1814), organista, compositor e autor de óperas alemão.
20. Albrecht Dürer (1471-1528), pintor renascentista alemão. Hans Holbein, o Jovem (1497-1543), um dos maiores retratistas do Renascimento do Norte alemão. Anthon Raphael Mengs (1728-1779), pintor neoclássico alemão. Mengs foi amigo de Johann Joachim Winckelmann, a quem dedicou sua obra *Pensamentos sobre a beleza e sobre o gosto na pintura* (1762).

[181] A composição de Rubens é frequentemente ditirâmbica, enquanto as figuras permanecem inertes e desarticuladas. O fogo de seu espírito luta contra as intempéries. Para que pudesse haver mais harmonia interna em seus quadros seria necessário mais ímpeto, ou não ser flamengo [belga].

[182] Ter um Diderot descrevendo uma exposição de pintura é um luxo verdadeiramente imperial.

[183] Hogarth pintou a feiura e escreveu sobre a beleza.[21]

[184] As bambochatas, isto é, os quadros pitorescos de Pieter van Laer são colonos holandeses na Itália. Embora o clima mais quente pareça ter-lhes bronzeado o colorido, ele enobreceu seu caráter e expressão ao dar-lhes maior robustez.[22]

[185] O objeto pode fazer esquecer as dimensões: não se considerava impróprio que o olímpico Júpiter não pudesse ficar de pé porque teria derrubado o telhado, e que Hércules ainda parecesse sobre-humano mesmo gravado em pedra talhada. Apenas dimensões que reduzem o objeto podem ser ilusórias. Através da execução colossal, o que é vulgar se multiplica.

[186] Temos razão em rir dos chineses que, ao contemplar retratos europeus com luz e sombras, questionavam

---

21. William Hogarth (1697-1764), pintor e retratista inglês. August Wilhelm se refere provavelmente à sua obra *The analysis of beauty* (1753).
22. Pieter von Laer (1599-1642), pintor holandês, famoso pelas pinturas de cenas cotidianas. Em razão de seu apelido "*Il Bamboccio*", seus quadros ficaram conhecidos como *bambochatas*.

se aquelas pessoas eram realmente tão manchadas. Mas será que ousaríamos rir diante de um grego antigo, ao qual fosse mostrado uma pintura do claro-escuro de Rembrandt, e ele com toda inocência perguntasse: então é assim que se pinta no país dos cimérios?[23]

[187] Nenhum remédio é melhor para a volúpia obscena do que a adoração da beleza. Por essa razão, toda arte plástica elevada é casta, não importa qual seja o seu objeto; ela purifica os sentidos, do mesmo modo que, para Aristóteles, a tragédia purificava as paixões. Seus efeitos fortuitos são irrelevantes, pois até mesmo uma vestal pode despertar desejos em almas sórdidas.

[188] Algumas coisas permanecem insuperáveis porque as condições nas quais elas surgiram são degradantes demais. Se um taberneiro bêbado como Jan Steen jamais virá a ser um pintor, não se deve exigir do pintor que se torne um taberneiro bêbado.[24]

[189] O sentimental é uma das poucas coisas reprováveis no *Essai sur la Peinture* de Diderot.[25] Mas através de sua incomparável insolência, ele é capaz de direcionar o leitor para

---

23. Os cimérios foram um antigo povo indo-europeu que viveu ao norte do Cáucaso, por volta de 1300 a.C.
24. Jan Steen (1626-1679), pintor holandês. Steen foi taberneiro por um tempo. Suas pinturas pertencem à Era de Ouro da pintura holandesa (século XVII), e retratam cenas realistas nas quais predominam o senso de humor e a abundância de cores.
25. Em francês no original. O ensaio de Diderot foi publicado postumamente, em 1798. Sobre o sentimental (*Das Sentimentale*) enquanto conceito estético e crítico-literário para os irmãos Schlegel, ver a apresentação da presente obra.

o caminho certo, evitando, assim, que em virtude daquele sentimental ele se descaminhe.

[190] A natureza mais uniforme e plana é o melhor mestre para o pintor de paisagens. Basta pensar na riqueza da arte holandesa nesse gênero. Pobreza gera economia: desenvolve-se um sentido comedido que se encanta com o mais leve aceno de vida superior na natureza. Então, quando o artista encontra cenas românticas em suas viagens, elas atuam com ainda mais intensidade sobre ele. A imaginação também tem suas antíteses: o maior pintor de paisagens lúgubres, Salvatore Rosa, nasceu em Nápoles.[26]

[191] Parece que os antigos amavam o imperecível também em miniatura: a arte lapidária é a miniatura da escultura.

[192] A antiga arte não ressurgirá como era, não importa quanto a ciência trabalhe em todos os tesouros acumulados da natureza. De fato, às vezes parece que isso irá acontecer, mas sempre falta algo: precisamente aquilo que deriva da vida e que nenhum modelo pode oferecer. Mas, os destinos da arte antiga ressurgem com precisão literal. É como se o espírito de Múmio, o qual exerceu seu poder de uma forma tão violenta sobre os tesouros artísticos de Corinto, pudesse ressuscitar agora do reino dos mortos.[27]

---

26. Salvatore Rosa (1615-1673), pintor barroco italiano, cujos quadros retratam cenas extravagantes com cores escuras e ambientes horripilantes.
27. Lúcio Múmio Acaico (século II a.C.), cônsul romano. Após a vitória sobre Corinto saqueou a cidade, repartindo as obras de arte saqueadas entre as cidades gregas e romanas.

[193] Se não nos deixamos ofuscar por nomes de artistas e alusões eruditas, descobrimos que o verdadeiro sentido para as artes plásticas é algo muito mais raro entre poetas antigos e modernos do que poderíamos imaginar. Píndaro é aquele que pode ser chamado de o mais plástico entre todos os poetas, e o estilo delicado da pintura em vasos antigos nos lembra sua suavidade dórica e seu doce esplendor. Propércio, que em oito linhas era capaz de caracterizar a mesma quantidade de artistas, é uma exceção entre os romanos. Dante revela grande talento para a pintura em seu tratamento do mundo visível, porém é mais preciso no desenho do que na perspectiva. Contudo, faltaram-lhe objetos para exercitar esse sentido: pois a arte moderna estava em sua infância, e a antiga ainda jazia no túmulo. Mas o que ele iria aprender com outros pintores que não pudesse aprender com Michelangelo? Em Ariosto encontramos fortes vestígios de que esse poeta viveu na época mais florescente da pintura; sua descrição da beleza e seu gosto pela pintura muitas vezes o arrebatam para fora dos limites da poesia. Em Goethe isso jamais ocorre. Às vezes ele toma as artes plásticas como objeto de seus poemas, mas, de resto, jamais menciona ou faz qualquer alusão a elas. A plenitude da posse serena não faz questão de aparecer à luz do dia, nem tão pouco se ocultar. Mesmo sem levar em conta todas essas passagens, é possível reconhecer claramente o amor do poeta pela pintura e sua visão [dessa arte] no conjunto de suas figuras, na grandeza simples de seus traços.

[194] De modo a provar que as moedas antigas são autênticas, os numismáticos procuram a chamada ferrugem nobre (*edlen Rost*). A arte da falsificação aprendeu a imitar tudo perfeitamente, menos esse sinal dos tempos. Há também

uma ferrugem nobre nos homens, heróis, sábios e poetas. Johannes Müller é um dos melhores numismáticos da espécie humana.[28]

[195] Ao escrever seu livro sobre o *Progrès de l'esprit humain*[29] enquanto corria risco de vida, não teria Condorcet se dado um monumento mais belo do que se tivesse empregado seu tempo pondo seu próprio indivíduo finito em lugar daquelas perspectivas infinitas? De que outro modo ele poderia apelar para a posteridade a não ser esquecendo-se de si mesmo na presença dela.

[197] Dificilmente outra literatura exibirá tantas aberrações devido à mania de originalidade quanto a nossa. Aqui também é possível ver que somos hiperbóreos. Pois entre os hiperbóreos se sacrificavam asnos a Apolo, que se divertia com seus saltos espantosos.

[198] Antigamente honrávamos a natureza, agora honramos exclusivamente o ideal. Esquecemos com demasiada frequência que essas coisas têm uma relação íntima, e que, na representação do belo, a natureza deve ser ideal, e o ideal, natural.

[199] A opinião de que o caráter nacional inglês é sublime é, sem dúvida, resultado da ação dos estalajadeiros; mas os romances e espetáculos teatrais certamente incentivaram

---

28. Johannes von Müller (1752-1809) historiador suíço. Editor de diversas obras de Herder.
29. Em francês no original. A obra *Sobre o progresso do espírito humano* foi publicada pelo Marquês de Condorcet (1743-1794) em 1794.

essa opinião e, assim, deram uma grande contribuição à doutrina do ridículo sublime.

[200] "Jamais confiarei em um tolo", diz um tolo bem esperto em Shakespeare, "até que veja seu cérebro".[30] Gostaríamos que essa exigência fosse feita a certos pretensos filósofos para que se pudesse confiar neles: e aposto que é possível encontrar *papier mâche* (papel machê) feito de escritos de Kant.

[201] No *Fatalista,* nos *Ensaios sobre a pintura,* e onde quer que seja realmente Diderot, ele é verdadeiro até o despudor. Não raramente, ele surpreendeu a natureza vestido apenas com seu atraente pijama, e muitas outras também a viu fazer suas necessidades.

[202] Desde que a necessidade do ideal na arte se tornou algo quase obrigatório, é possível observar os aprendizes correndo inocentemente atrás dessa ave para, assim que se aproximam o suficiente, despejarem o sal da estética em sua cauda.

[203] Moritz amava o uso que os gregos faziam do adjetivo neutro enquanto nome abstrato, contemplando nisso algo de misterioso. É possível dizer, na linguagem de sua *Mitologia* e em *Anthusa,*[31] que o humano procura aproximar-se do divino de todas as formas, e aquele que pensa

---

30. "*Nay, I'll never believe a madman*". Cena da peça *Noite de Reis*, de William Shakespeare, (ato IV, 2).
31. *Mitologia* e *Anthusa ou As antiguidades de Roma* são obras de Karl Phillip Moritz.

procura se reconhecer no simbólico, embora com frequência não entenda a si mesmo.

[204] Não importa quão interessante seja uma palestra e o que se diz do alto da cátedra, o melhor se perde porque não se pode interromper o orador. O mesmo ocorre com os escritores doutrinários.

[205] Eles têm o hábito de chamar a si mesmos de crítica. Escrevem de uma forma fria, superficial, pretensiosa e exagerada. Natureza, sentimento, nobreza e grandeza de espírito simplesmente não existem para eles, mas agem como se fossem capazes de fazer com que tais coisas surgissem diante de seus pequenos tribunais. A meta mais elevada de sua morna admiração é a imitação do antigo estilo de versificação do elegante mundo francês. Para eles, correção é o mesmo que virtude. O gosto é seu ídolo, um ídolo que somente pode ser adorado sem alegria. Quem não reconhece nesse retrato os sacerdotes do templo das belas ciências, os quais são do mesmo sexo que Cibele?[32]

[207] O livre-pensamento sempre avança na seguinte gradação: primeiro se ataca o diabo, depois o Espírito Santo, depois o Senhor Jesus Cristo e, por fim, o Deus Pai.

[208] Há dias em que se está em tal disposição de espírito que se pode facilmente fazer novos esboços [de projetos], no entanto não é possível comunicar e nem executar nada. Não são pensamentos, mas apenas almas de pensamentos.

---

32. August Wilhelm se refere à *Biblioteca das belas ciências*, de Göttingen. Cibele é uma divindade grega originária da Frigia. Os coribantes do templo de Cibele tinham o costume de se emascular e vestir trajes femininos.

[209] Será que uma língua prisioneira das convenções, como a francesa, não conseguiria se republicanizar por intermédio da vontade geral do povo? O domínio da língua sobre os espíritos é evidente: mas a inviolabilidade da língua decorre tão pouco dessa dominação, quanto a admissão, na esfera do direito natural, da antiga pretensão da origem divina de todo poder do Estado.

[210] Conta-se que Klopstock, ao encontrar o poeta francês Rouget de Lisle que o visitava, lhe fez a seguinte saudação: como ele tinha coragem de aparecer na Alemanha depois de sua *Marselhesa* ter custado a vida de cinquenta mil bravos alemães? Essa acusação foi imerecida. Sansão não derrotou os filisteus com a maxila de um jumento? E mesmo se a *Marselhesa* tiver realmente alguma participação nas vitórias da França, Rouget de Lisle ao menos exauriu o poder mortal de sua poesia nessa única obra: mesmo com todas as outras obras juntas não se mataria uma única mosca.[33]

[224] Em sua história, Johannes Müller frequentemente lança um olhar para a história mundial a partir da Suíça, mas raramente ele observa a Suíça com os olhos de um cidadão do mundo.

[236] Trata-se de um mal-entendido grosseiro, mas ainda muito comum, acreditar que, para representar um ideal, seja necessário empacotar em um mesmo nome um agregado enorme de virtudes, e que se tenha de exibir todo um compêndio de moral em um só homem; a única coisa

---

33. Claude Joseph Rouget de Lisle (1760-1836), oficial do exército francês, autor do *Chant de guerre pour l'Armée du Rhin* (Canto da Guerra pelo Exército do Reno), a conhecida Marselhesa, em 1792.

que se alcança com isso é a extinção da individualidade e da verdade. É na qualidade e não na quantidade que se encontra o ideal. Grandison é um exemplo, não um ideal.[34]

[237] O humor é como que a engenhosidade (*Witz*) do sentimento. Pode até se exteriorizar com consciência: mas tão logo se perceba nele alguma intenção, ele deixa de ser genuíno.

[241] Como é conveniente que os seres mitológicos signifiquem tudo o que o homem gostaria de imputar a si mesmo! Ao falar incessantemente deles, é como se alguém se esforçasse para fazer o bondoso leitor acreditar que possui as qualidades descritas. Alguns de nossos poetas estariam arruinados se não existissem as Graças.

[243] A miragem de uma época de ouro passada é um dos grandes obstáculos à aproximação da época de ouro que ainda está por vir. Se acaso houve uma época de ouro no passado, então ela não foi realmente de ouro. O ouro não enferruja ou se decompõe: ele ressurge indestrutível e puro, de todas as tentativas de fusão e decomposição. Se a época de ouro não pode durar para sempre, então é melhor que nem comece, porque, de outro modo, somente servirá para compor elegias sobre sua perda.

[254] Até mesmo antes de ter surgido, *Hermann e Doroteia* já era comparado à *Luísa*, de Voss. A publicação da obra deveria ter colocado um ponto final na comparação, mas ela

---

34. Grandison é o protagonista do romance epistolar *A história do senhor Charles Grandison,* de Samuel Richardson, publicado em 1753.

continua acompanhando-a como uma carta de apresentação ao público. *Luísa* poderá ser recomendada para a posteridade por ter sido a madrinha de *Doroteia*.[35]

[257] Os encontros sociais entre alemães são sérios; suas comédias e sátiras são sérias; sua crítica é séria; toda a sua bela literatura é séria. Será que o espirituoso deve ser sempre inconsciente e involuntário nessa nação?

[260] Wieland[36] acreditou que sua carreira, a qual se estende quase por meio século, começara com a aurora de nossa literatura e terminara com seu declínio. Parece uma confissão sincera de uma ilusão de ótica natural.

[261] Assim como o lema de vida do poeta vagabundo em *Claudine von Villabella,* "louco, mas esperto", serve igualmente para descrever muitas obras de gênio, o lema oposto poderia ser aplicado à regularidade sem espírito: "racional, mas tolo".[37]

[269] W. disse sobre um jovem filósofo: ele carrega em seu cérebro um oveiro, e bota uma teoria todo dia, como uma galinha; este é o único momento de descanso em seu constante movimento de autocriação e autoaniquilamento, o que pode ser uma manobra cansativa.[38]

35. Johann Heinrich Voss (1751-1826), autor do poema idílico *Luísa* (1795), é conhecido sobretudo por suas traduções de Homero.
36. Christoph Martin Wieland (1733-1813), poeta alemão. Seu romance *Geschichte des Agathon* (História de Agathon) é considerado o primeiro romance de formação (*Bildungsroman*).
37. *Claudine von Villa Bella,* obra teatral cantada de Goethe, de 1776.
38. W. representa talvez o próprio August Wilhelm Schlegel. O fragmento foi editado por Friedrich Schlegel a partir de uma carta que ele

[271] Talvez seja necessário ser arquimoderno para alcançar um ponto de vista transcendental sobre a Antiguidade. Winckelmann sentia os gregos como um grego. Por outro lado, Hemsterhuis soube delimitar a amplitude moderna com simplicidade antiga, de um modo maravilhoso; do alto de sua cultura, como de uma fronteira livre, contemplou cheio de vida tanto o mundo antigo quanto o mundo moderno.

[273] Mística é algo que apenas o olho do amante vê no amado. Qualquer pessoa pode ter sua própria mística, mas precisa saber guardá-la para si. Há muitos que parodiam a bela Antiguidade, enquanto outros certamente a mistificam, e, por isso, também precisam guardá-la para si.[39]

[309] Que tipo de ideias devem ter tido os teóricos ao excluir o retrato da esfera da arte propriamente bela, livre e criadora? É como se alguém não quisesse aceitar como poesia o canto do poeta a sua verdadeira amada. O retrato é o fundamento e pedra de toque do quadro histórico.

[310] Recentemente foi feita a descoberta inesperada de que o herói no grupo do Laocoonte está representado como se estivesse morrendo, especificamente de apoplexia. Os conhecimentos que temos no momento não nos permitem avançar mais nessa direção, a não ser que alguém dissesse que Laocoonte já estava mesmo morto, algo que também

recebeu do irmão.
39. Friedrich Schlegel acrescentou a seguinte frase ao fragmento do irmão: "As duas coisas estão distantes do sentido [em que a Antiguidade] pode ser pura e simplesmente desfrutada, assim como do modo como pode ser restituída".

seria aceitável vindo de um conhecedor. Seria, então, a ocasião de corrigir Lessing e Winckelmann: não era a beleza, como o primeiro afirmara (na verdade os dois, e com eles, Mengs), e nem a grandeza serena e nobre simplicidade, como afirmara o segundo, a lei fundamental da arte grega, mas a verdade da caracterização.[40] De fato, toda escultura humana, inclusive os ídolos de madeira dos habitantes de Kamchatka,[41] quer caracterizar. Mas se alguém quer apreender o espírito de um objeto em um traço, não é necessário apontar para o que é óbvio ou comum, mas apenas para o que é absolutamente individual, para sua essência. É impossível pensar a beleza sem um traço característico, ela sempre terá um, quando não ético, pelo menos físico, isto é, se apresentará como a beleza de uma certa idade ou sexo, ou deixará escapar certos trejeitos corporais, como os corpos dos lutadores. A arte antiga não apenas criou e concebeu suas figuras sob a orientação da mitologia, no mais alto e nobre sentido, mas também associou ao traço característico de cada uma delas o grau de beleza que podia suportar. Que eles souberam tornar isso possível – mesmo ali onde um gosto bárbaro não seria nem ao menos capaz de conceber tal pensamento – é quase palpável, por exemplo, nas antigas cabeças de Medusa. Se acaso as representações cômicas ou trágicas fossem realmente algo que se pudesse objetar a essa aspiração universal por beleza, isso seria algo muito óbvio para escapar dos olhos de conhecedores da Antiguidade como Mengs e Winckelmann. Compare-se o mais grosseiro

---

40. August Wilhelm remete à famosa passagem de Winckelmann: "Enfim, o caráter geral, que antes de tudo distingue as obras gregas, é uma nobre simplicidade e uma grandeza serena". WINCKELMANN, Johann Joachim. *Gedanken über die Nachahmung über die griechischen Werke in der Malerei und Bildhauerkunst*. Stuttgart: Philipp Reclam, 2003, p. 20.
41. Península do nordeste da Ásia.

desregramento de sátiros e bacantes antigos com representações semelhantes realizadas pela escola flamenga. É preciso ser muito anti-helênico para não sentir tudo o que há de helênico nelas. Algo inteiramente diferente é estar imerso na imundice de uma sensualidade vulgar ou se rebaixar a ela apenas por prazer, como uma divindade na forma de um animal. Mesmo na escolha de objetos terríveis tudo continua a depender do tratamento, o qual pode espalhar uma brisa suave de beleza por sobre esses objetos, como de fato foi feito na arte e poesia gregas. É precisamente nos elementos conflitantes – na aparente contradição insolúvel entre a natureza do que é representado e a lei de sua representação – que a harmonia interior do espírito surge do modo mais divino. Ou alguém há de negar que exista nobre simplicidade e grandeza serena nas tragédias de Sófocles simplesmente porque são altamente trágicas? Winckelmann reconheceu, de um modo bem preciso, que no corpo de Laocoonte encontra-se expresso o mais violento estado de sofrimento e conflito; é apenas no rosto, afirma ele, que se revela a alma inabalada do herói. Agora compreendemos que Laocoonte não grita porque já não pode gritar. Ou seja, por causa da apoplexia. É claro que não pode gritar, senão teria levantado sua voz contra tamanha descrição deturpadora, e o desconhecimento de sua grandeza heroica.[42]

[311] Se o gosto dos ingleses na pintura se alastrar ainda mais pelo continente, como a delicadeza mecânica de suas

---

42. August Wilhelm atualiza uma discussão sobre a representação artística entre os gregos que começara quase quatro décadas antes, nos escritos de Winckelmann e Lessing. Para uma compreensão mais abrangente sobre os pressupostos que envolvem o fragmento, ver: LESSING, Gotthold Ephraim. *Laocoonte ou sobre as fronteiras da pintura e da poesia*. Tradução de Márcio Seligmann-Silva. São Paulo: Iluminuras, 2011.

águas-fortes parece demonstrar, então é preciso que abandonemos o nome "pinturas históricas", o qual é mesmo inadequado, e em seu lugar seja introduzido o termo "pintura teatral".

[312] Em resposta à acusação de que as pinturas subtraídas da Itália foram danificadas em Paris, o restaurador se ofereceu para expor em público um quadro de Caracci, o qual se encontrava metade restaurado e metade em seu estado original. Uma ideia genial! Às vezes acontece o mesmo quando ouvimos um súbito barulho nas ruas, e uma face barbeada pela metade de repente aparece na janela; se efetuado com a vivacidade francesa, o trabalho de restauração pode ter bastante semelhança com a arte do barbeiro.[43]

[313] A delicada feminilidade de pensamentos e criações, presente nos quadros de Angelica Kauffmann,[44] por vezes se insinua ilicitamente em suas figuras; é possível contemplar nos olhos de suas jovens que gostariam muito de ter seios femininos e, se possível, as ancas das moças. Talvez as pintoras gregas tivessem consciência desse limite ou obstáculo a seu talento. Entre as poucas figuras femininas a que faz menção, Plínio cita apenas Timarete, Irene e Lala.

[314] Do mesmo modo que agora se exige aplicação moral utilitária em todas as coisas, será preciso mostrar a utilidade da pintura de retratos através da referência à felicidade doméstica. Muitos dos que agora se sentem um pouco

---

43. Fragmento atribuído a August Wilhelm.
44. Maria Anna Angelica Kauffmann (1741-1807), pintora neoclássica suíça.

enfastiados da própria mulher redescobrirão seus primeiros sentimentos ao contemplar os traços mais puros de seu retrato.

[380] Ler em voz alta e declamar são coisas diferentes. Enquanto este último exige que a voz alcance uma altura realmente apropriada, aquele necessita apenas da elocução moderada. A declamação é apropriada para ambientes amplos, não para um quarto. A voz alta que se eleva para produzir a variação necessária ofende o ouvido sensível. Todo o efeito se perde no barulho ensurdecedor. Combinada com as gesticulações, ela se torna repulsiva como todas as demonstrações de paixão extrema. A refinada sensibilidade somente a tolera a uma distância que, por assim dizer, lança um véu sobre ela. Para alcançar esse mesmo efeito por outros meios, o tom, ao invés de se elevar, precisa ser mantido abafado e baixo, e o acento deve ser marcado, apenas de modo a sugerir a compreensão do que é lido, sem, todavia, expressá-lo totalmente. É especialmente entre os poemas épicos e no romance, em particular, que aquele que lê [em voz alta] jamais deve parecer arrebatado por seu objeto, mas, ao contrário, demonstrar a calma superioridade do próprio autor, o qual se encontra acima da obra. Em geral, é preciso exercitar a leitura em voz alta para que se torne uma prática mais difundida, e é importante difundi-la mais, para que seja melhor exercitada. Entre nós, pelo menos, a poesia permanece muda, e aquele que, por exemplo, jamais leu ou ouviu ler o *Wilhelm Meister* em voz alta, somente estudou as notas dessa música.

[405] Caridade é a ignominiosa virtude que sempre precisa expiar, em romances e dramas, para que um indivíduo comum

seja elevado a um caráter nobre, ou mesmo, como nas peças de Kotzebue, para compensar alguma perversidade qualquer. Por que eles não tiram vantagem do espírito caridoso do momento para passar a sacola de esmolas pelo teatro?[45]

45. August von Kotzebue (1761-1819). Dramaturgo e escritor alemão. Autor de mais de 300 peças teatrais.

Sobre os autores

Considerados por estudiosos como René Wellek, Ernst Robert Curtius e Erich Auerbach como dois dos maiores teóricos e críticos de literatura no Ocidente, os irmãos Friedrich Schlegel (1772-1829) e August Wilhelm Schlegel (1767-1845) pertenceram ao grupo que ficou conhecido como primeiro romantismo alemão, ou romantismo de Jena. Seus fragmentos, ensaios e romances encontram-se entre os escritos que inauguram a modernidade literária.

Sobre o tradutor e organizador

Constantino Luz de Medeiros é professor de Teoria da Literatura e Literatura Comparada na UFMG. É autor de *A invenção da modernidade literária* (Iluminuras, 2018). Traduziu obras importantes de Friedrich Schlegel, como os *Fragmentos sobre poesia e literatura* (Unesp, 2016), *Lucinde* (Iluminuras, 2020), *Sobre o estudo da poesia grega* (Iluminuras, 2018) e *Relato sobre as obras poéticas de Giovanni Boccaccio* (Humanitas, 2015).

© Relicário Edições, 2020
© Constantino Luz de Medeiros [trad., apresentação e notas], 2020

Dados internacionais de Catalogação na Publicação (CIP)

S339c
Schlegel, Friedrich
Conversa sobre a poesia, de Friedrich Schlegel / Fragmentos da Athenäum, de August Wilhelm Schlegel / Friedrich Schlegel, August Wilhelm Schlegel; tradução, apresentação e notas por Constantino Luz de Medeiros. - Belo Horizonte: Relicário, 2020.
140p.; 14cm x 21cm.
ISBN: 978-65-86279-19-1
1. Filosofia alemã. 2. Romantismo. 3. Poesia. 4. Filosofia. I. Schlegel, August Wilhelm. II. Medeiros, Constantino Luz de. III. Título.

CDD 193   CDU 1(43)
2020-2658

Este livro foi revisado segundo o Acordo Ortográfico da Língua Portuguesa de 1990, em vigor no Brasil desde 2009.

COORDENAÇÃO EDITORIAL Maíra Nassif Passos
REVISÃO Laura Torres e Lucas Morais
PROJETO GRÁFICO E DIAGRAMAÇÃO Ana C. Bahia
IMAGEM DA CAPA Detalhe de *Northern Sea in the Moonlight* (circa 1823-1824), de Caspar David Friedrich (1774-1840)

Rua Machado, 155, casa 1, Colégio Batista | Belo Horizonte, MG, 31110-080
contato@relicarioedicoes.com | www.relicarioedicoes.com
@relicarioedicoes /relicario.edicoes

1ª EDIÇÃO [2020]

Esta obra foi composta em Charter e Trade Gothic Next
sobre papel Pólen Bold 90 g/m² para a Relicário Edições.